Alain Le Borgne

CW01621556

LE GOLFE DU MORBIHAN

22 balades

et 1 randonnée
en 7 étapes

Éditions ouest france

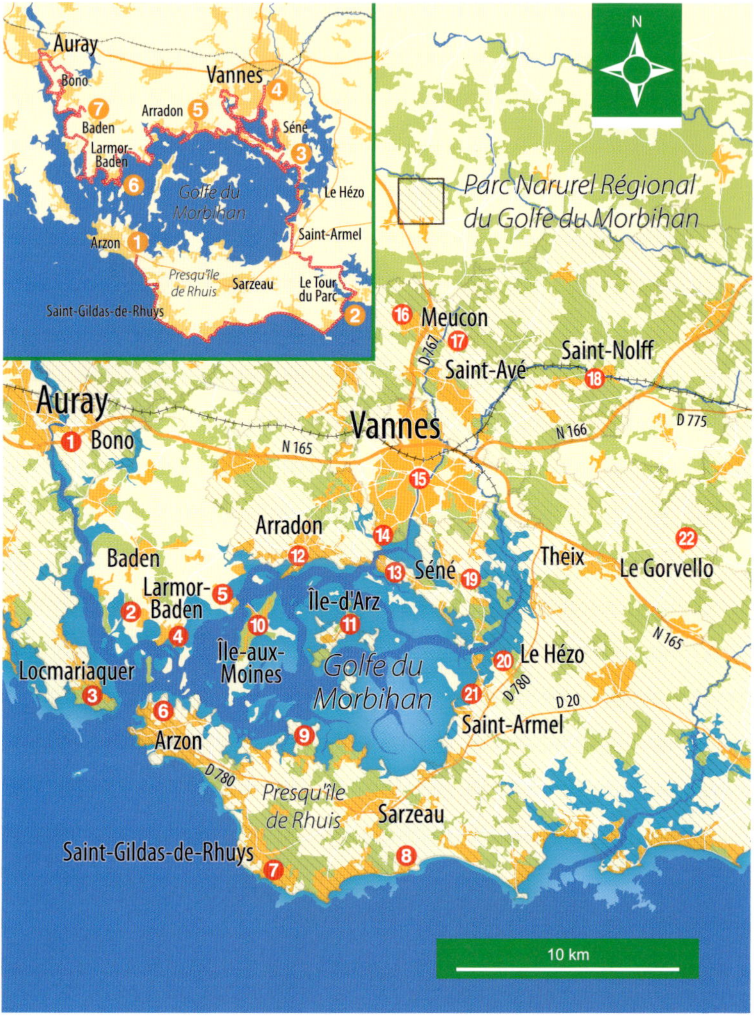

Auray
Bono
Vannes
Arradon
Baden
Larmor-Baden
Séné
Le Hézo
Golfe du Morbihan
Arzon
Saint-Armel
Presqu'île de Rhuis
Sarzeau
Le Tour du Parc
Saint-Gildas-de-Rhuys
N
Parc Narurel Régional du Golfe du Morbihan
Meucon
D 767
Saint-Avé
Saint-Nolff
N 165
N 166
D 775
Île-d'Arz
Île-aux-Moines
Theix
Le Gorvello
Locmariaquer
D 780
D 20
10 km

SOMMAIRE

Introduction - **4**

1 Le circuit des deux rivières au Bono - **8**
2 De l'anse de Baden à l'anse de Locmiquel - **12**
3 Locmariaquer – La pointe de Kerpenhir - **16**
4 Le circuit des marais à Larmor-Baden - **20**
5 La pointe de Port-Blanc à Baden - **24**
6 Le circuit des pointes à Arzon - **28**
7 Le Grand Mont à Saint-Gildas-de-Rhuys - **32**
8 Sarzeau – Autour du château de Suscinio - **36**
9 Autour de Brillac - **40**
10 L'île aux Moines – La perle du golfe - **44**
11 Arz – L'île des capitaines - **48**
12 Autour d'Arradon - **52**
13 Le circuit des voiles rouges à Séné - **56**
14 Les rives de Vannes - **60**
15 Le centre historique de Vannes - **64**
16 Le circuit des sources à Meucon - **70**
17 Saint-Avé – Le circuit du Camp de César - **74**
18 Au pays des moulins à Saint-Nolff - **78**
19 Le circuit de la réserve naturelle à Séné - **82**
20 Le Hézo – Le circuit des fontaines - **86**
21 Saint-Armel – De l'île Tascon au Passage - **90**
22 Le Gorvello – Au temps des Templiers - **94**

RANDONNÉE

Le golfe du Morbihan en 7 étapes

1 Arzon – Le Tour-du-Parc - **98**
2 Le Tour-du-Parc – Séné - **102**
3 Séné – Vannes - **106**
4 Vannes – Arradon - **110**
5 Arradon – Larmor-Baden - **114**
6 Larmor-Baden – Le Bono - **118**
7 Le Bono – Auray - **122**

INTRODUCTION

« Des fées chassées de la forêt de Brocéliande auraient versé tant de larmes que cela créa l'étendue d'eau du golfe. Elles y jetèrent ensuite leurs couronnes de fleurs qui donnèrent jour aux nombreuses îles. Le golfe du Morbihan est véritablement une terre de légende ! Berder, Arz, l'île aux Moines... Le golfe semble protéger jalousement ses joyaux contre la houle. La presqu'île de Rhuys, cet étonnant bout de terre qui s'aventure dans l'océan, les sites mégalithiques de Gavrinis, de Locmariaquer... les multiples chapelles et les hameaux pittoresques, laissent à penser que ce territoire a véritablement été choyé par les fées !

Le golfe vu d'en haut.

© D. Ledan - PNR Golfe du Morbihan

Héron cendré.

Le golfe du Morbihan est une petite mer intérieure de quelque 12 000 ha de superficie, reliée à l'océan par un goulet d'un kilomètre de large. C'est un territoire d'exception qui présente une mosaïque de paysages où se mêlent la terre, la mer et le ciel, un territoire qui offre un spectacle sans cesse renouvelé au rythme des marées et des caprices de la météo. Un spectacle que le visiteur ne se lasse jamais de voir, et de revoir. Il n'est pas étonnant, dans ces conditions, que le golfe du Morbihan fasse partie du cercle restreint des plus belles baies du monde !

LE PARC NATUREL RÉGIONAL

Depuis le 2 octobre 2014, le golfe du Morbihan est officiellement classé Parc naturel régional, le deuxième de Bretagne (le premier étant le Parc d'Armorique en Finistère), le 50e de France. Les 30 communes adhérentes ont approuvé une charte qui vise à préserver les paysages et le patrimoine culturel de ce territoire remarquable, en cohérence avec le développement économique et les différents projets d'aménagements de chacune de ces collectivités. Au titre des nombreuses actions déjà engagées, on notera la création de mouillages écologiques pour les pêcheurs et plaisanciers, la réhabilitation

Hippocampe guttulatus.

du marais de Lasné, la remise « en marche » du passeur entre Saint-Armel et Séné, et… une disposition qui, pour être symbolique, n'en est pas moins d'une signification importante : la sauvegarde de la sterne pierregarin, cette espèce d'oiseau migrateur emblématique du golfe.

C'est l'hippocampe, « le cheval de mer », qui a été choisi comme logo du Parc naturel régional du golfe du Morbihan. Si l'on trouve encore de nombreuses espèces dans les eaux tropicales, les hippocampes sont globalement de plus en plus rares. Le golfe du Morbihan en accueille deux espèces, l'hippocampe commun et le chevelu, ou moucheté. C'est l'hippocampe chevelu qui a été retenu comme emblème du parc, car sa population semblait baisser de façon alarmante au début des années 2000. Ce choix signifiait l'impérieuse nécessité de préserver ce territoire remarquable. Les derniers relevés réalisés au printemps 2015 par l'aquarium de Vannes montrent cependant qu'il n'en est plus rien et que cet emblème vivant se porte bien dans les eaux du golfe.

LES ÎLES DU GOLFE

Boëdic, Drenec, Er Lannic, Logoden, Tascon, Petit Illuric, Gavrinis, île aux Œufs, île aux Oiseaux… Combien existe-t-il de ces cailloux, aux noms qui aiguisent la curiosité ? Il n'est pas aisé de citer précisément le nombre d'îles dans le golfe, sans s'attirer les critiques des « spécialistes ». Tout dépend de la définition qu'on donne au mot « île ». Une légende prétend qu'il en existe autant que de jours dans l'année ! Il semble plus prudent de dire qu'il y en a autant que de semaines. Les « grandes », l'île d'Arz et l'île aux Moines, couvrent chacune le territoire d'une commune. Certaines autres sont la propriété du conseil départemental du Morbihan ou du Conservatoire du Littoral, comme Ilur. La majorité est totalement ou partiellement privée et interdite au public. Cependant, pour certaines, accessibles à pied à marée basse, il est possible d'en faire le tour par l'estran ou par le sentier côtier (Berder, Sept-Îles…). Plusieurs îles accueillent des populations d'oiseaux importantes et font alors l'objet d'un arrêté de protection de biotope qui précise les conditions de visites. Mieux vaut se renseigner en mairie avant de s'y aventurer.

À propos de la randonnée « Le golfe du Morbihan en 7 étapes »

Cette proposition est concoctée de façon à faire vous découvrir, en une semaine, les différentes facettes de ce magnifique territoire de Bretagne Sud. La recette de cette randonnée est la suivante : un « fond » d'océan Atlantique en longeant la côte sud de la presqu'île de Rhuys, une « goutte » de campagne entre deux mers, du Tour-du-Parc à Saint-Armel, une « bonne dose » de sentier côtier autour du golfe, entre Séné et Larmor-Baden et un « zeste » de la rivière d'Auray. Pour agrémenter ce cocktail, nous vous proposons la découverte de la cité historique de Vannes et quelques échappées belles sur les îles du golfe (île aux Moines, Berder, Gavrinis). Une randonnée accessible aux marcheurs réguliers, à consommer sans modération !

Départ pour les îles.

LE CIRCUIT DES DEUX RIVIÈRES AU BONO

8.5 KM

BALADE 1

MOYEN | 2 H 45 | VERT

Les rivières d'Auray et du Bono bénéficient d'un environnement préservé. Au départ du pittoresque petit port du Bono, cette balade mène par un agréable sentier en sous-bois à la confluence de ces deux rivières puis vers la baie de Kerdréan. Ce circuit est ponctué de quelques montées.

© Anne-Marie Videloup

Le quai Surcouf au Bono.

LE LONG DE LA RIVIÈRE D'AURAY

Empruntez le quai Surcouf, à gauche du bassin. Vous apercevez le vieux pont du Bono sur votre droite. Au bout du quai, poursuivez le sentier qui longe la rivière. Vous passez sous le pont du Bono. 150 m plus loin, vous rejoignez la rue Colbert. Empruntez-la à droite et à 100 m, tournez à gauche rue Jean-Mermoz. Au bout,

LE PONT DU BONO

Le passage de la rivière se faisait auparavant à l'aide d'un bac ; le pont suspendu fut ouvert au passage en octobre 1840. Contrairement à une idée répandue, et malgré les apparences, ce n'est pas une œuvre de Gustave Eiffel, mais d'un ingénieur des Ponts et Chaussées, M. Laurent. Maintes fois endommagé par les tempêtes, l'ouvrage fut restauré à de nombreuses reprises. Il est désormais inscrit à l'inventaire des monuments historiques, il est l'un des deux derniers exemples de ce type de construction en France. Le pont est autorisé exclusivement au passage des piétons.

© Claire Boichard

Le pont du Bono.

suivez la rue Jean-Jaurès à droite, et à 50 m, empruntez le sentier à droite vers le tumulus. Poursuivez le chemin en sous-bois et descendez jusqu'à la rivière. Vous longez un petit bras de mer.

1 Remontez en sous-bois jusqu'à la route que vous empruntez à droite. Longez-la jusqu'à rejoindre la rivière au niveau de la cale du Berly. Reprenez à gauche le long de la rivière. Vous découvrez les chantiers ostréicoles et les élevages de bars. Continuez le sentier qui longe la baie de Kerdréan.

DE LA BAIE DE KERDRÉAN AU BOURG DU BONO

2 À l'extrémité de la baie, montez à gauche vers le château de Kerdréan transformé en établissement hôtelier. Autrefois, le lieu se nommait Kerdérien, ce qui veut dire « château en pierre » en breton. Remontez la route, et en haut, prenez le premier chemin à gauche. Poursuivez-le tout droit jusqu'au lieu-dit Ménihy.

3 Empruntez la rue des Bernaches à droite, continuez par la rue des Goélands dans le prolongement. Laissez la direction du Mané à gauche et ne ratez pas le petit chemin suivant qui part à gauche, derrière une maison, juste avant un virage. Poursuivez ce chemin dit « chemin des Chouans ». Autrefois, ce chemin creux partait du château de Kerdréan où Georges Cadoudal, le célèbre chef chouan, aurait séjourné à plusieurs reprises. Le chemin aboutissait au rivage, les Chouans traversaient la rivière et rejoignaient sur l'autre rive le manoir de Kerléano, propriété de la famille Cadoudal. Vous passez en bordure de propriétés et rejoignez la rue Jean-Jaurès.

4 Prenez-la à droite. Traversez la D101 au niveau du rond-point. Continuez en face. Prenez la deuxième rue à gauche, la rue Guynemer. Poursuivez à droite par la rue Pradel. Au bout, continuez par la ruelle qui descend vers le quai Surcouf que vous reprenez à droite vers le parking.

INFORMATIONS PRATIQUES

Accès : sur la N165, entre Vannes et Auray, prenez la sortie Auray. Aux deux ronds-points suivants, suivez la direction le Bono – Baden. Poursuivez ensuite vers le sud par la D101 jusqu'au Bono. Au bourg du Bono, suivez la direction du port. Garez-vous à l'entrée du port.
Restauration : plusieurs restaurants au bourg du Bono.
Hébergements : Golfe du Morbihan Vannes Tourisme, tél. : 02 97 47 24 34
À faire à proximité : le circuit du patrimoine à Auray.

Au port du Bono.

LE TUMULUS DE KERNOURS

Datant du néolithique, le dolmen est composé d'une longue chambre funéraire coudée « en équerre », de 18 mètres de longueur. Les 36 piliers supportent 14 grosses dalles de couverture, l'ensemble est recouvert d'un imposant dôme de pierre et de terre, d'un diamètre d'une vingtaine de mètres et de 4 mètres de hauteur. Certains piliers sont gravés, le dessin représenterait un poulpe, cela signifierait que la sépulture fut celle d'une tribu maritime dont l'emblème était la pieuvre. Plusieurs tombelles circulaires, datant de l'âge du fer, encadrent le tumulus, faisant de Kernours une nécropole plurimillénaire. Participez à la préservation de ces sépultures, ne grimpez pas dessus !

© Anne-Marie Videloup

DE L'ANSE DE BADEN À L'ANSE DE LOCMIQUEL

10 KM

BALADE 2

ASSEZ FACILE — 3 H

Une petite anse vouée à l'ostréiculture, une curieuse petite île qui porte le nom d'un archipel célèbre, un barrage aux origines incertaines, un joli petit village de pêcheurs, un dolmen remarquable… Cette balade offre une succession de sujets qui alimentent la curiosité.

Le sentier côtier à Baden.

DU MOULIN DE BADEN À L'ÎLE « SEPT ÎLES »

Du parking, empruntez la route à gauche sur 200 m et descendez la première route à gauche. En bas, prenez le chemin à gauche. Vous découvrez sur votre droite le moulin à marée de Baden. Continuez le chemin qui vire sur la gauche. Vous poursuivez en surplomb de l'anse en bordure du bois de pins. Vous atteignez bientôt un chantier ostréicole. Contournez-le et rejoignez le sentier le long du rivage.

1 Vous atteignez une route, longez-la à droite jusqu'à rejoindre le barrage de l'étang de Toulvern. Traversez et reprenez le chemin à droite sur l'autre rive. Le chemin passe en sous-bois puis en bordure de champ avant de rejoindre le tombolo de sable qui permet de rejoindre l'île appelée « Sept Îles ». À marée basse, vous pouvez traverser et faire le tour de l'île. Restez sur le sentier, l'île est une propriété privée. Attention à ne pas vous faire surprendre par la marée.

2 Après avoir retraversé, bifurquez dans le chemin à droite. 200 m plus loin, vous rejoignez une route, empruntez-la pour contourner un chantier ostréicole. À 100 m, reprenez à droite et rejoignez le sentier côtier. Vous atteignez la pointe de Locmiquel. Vous retrouvez la route au niveau d'un autre chantier ostréicole. À l'intersection, continuez à droite et à 50 m, reprenez à droite le sentier. Continuez jusqu'au fond de l'anse.

LE BARRAGE DE L'ÉTANG DE TOULVERN

La princesse Napoleone Elisa Baciocchi était une nièce de l'empereur Napoléon III. Cette femme opiniâtre fit construire le manoir de Toulvern à Baden en 1860. Elle décida ensuite de fermer l'anse de Toulvern qui s'appelait l'anse de Seliac. Un projet d'usine électrique fut ensuite envisagé, aucune suite n'y fut donnée.

© Claire Boichard

DE LOCMIQUEL AU DOLMEN DE TOULVERN

3 Quittez le rivage et empruntez tout de suite à gauche la rue de Cadic. Au bout, poursuivez à gauche par la rue de la Chapelle. Vous découvrez un peu plus loin la chapelle Saint-Michel de Locmiquel sur votre gauche. Continuez tout droit par la route de la Pointe. Vous rejoignez l'itinéraire « aller », prenez à droite. Après le barrage, poursuivez par la route. Avant de rejoindre le parking, prenez le temps de faire un aller-retour au dolmen de Toulvern, situé sur votre droite.

INFORMATIONS PRATIQUES

Accès : sur la N165, prenez la sortie Auray. Aux deux ronds-points suivants, suivez la direction le Bono – Baden. Poursuivez ensuite vers le sud par la D101 jusqu'à Baden. À Baden, continuez par la D316 en direction de Larmor-Baden. À 2 km, prenez à droite vers le dolmen de Toulvern. À l'intersection, poursuivez à gauche jusqu'au parking.
Restauration : *La cabane à huîtres*, pointe de Toulvern (sur le circuit), tél. : 06 04 59 68 28.
Hébergements : Golfe du Morbihan Vannes Tourisme, tél. : 02 97 47 24 34
À visiter : découverte des parcs à huîtres en bateau *Au rythme des marées*, tél. : 06 04 59 68 28.

LA CHAPELLE SAINT-MICHEL

La chapelle située au cœur du village de Locmiquel, tout près de la mer, est remarquable par ses murs blanchis à la chaux. Le premier édifice daterait du XIIe siècle, la chapelle actuelle a été construite au XVIIIe. À l'intérieur, on découvre un bel *ex-voto* représentant un trois-mâts armé de trois rangées de canons. Lors du pardon de la Saint-Michel, et de la procession, fin septembre, le bateau est porté par des paroissiens.

LE DOLMEN DE TOULVERN

Inscrit à l'inventaire des monuments historiques, le dolmen date de quatre mille ans avant J.-C., il est remarquable par sa forme originale en Y et ses deux couloirs. Le tumulus dans lequel il est encastré mesure quelque 110 m de circonférence et 3 m de hauteur. Fin du XIXe siècle, début du XXe, des fouilles ont permis d'y découvrir des objets gallo-romains ayant appartenu aux Vénètes, dont des figurines en terre cuite. Participez à la préservation du monument, ne grimpez pas dessus !

LOCMARIAQUER – LA POINTE DE KERPENHIR

8,5 KM

BALADE 3

FACILE | 3 H | JAUNE ET MAUVE

Ce circuit vous mène vers la pointe de Kerpenhir qui, face à Port-Navalo, marque l'entrée dans le golfe du Morbihan. Ensuite, de plages de sable en petites anses, ce parcours vous fera découvrir le riche patrimoine mégalithique qui parsème la commune, le dolmen des Pierres Plates, la Table des Marchands...

© Anne-Marie Videloup

Le port du Guilvin.

PANORAMA SUR L'ENTRÉE DU GOLFE

Au fond du parking Wilson, empruntez la ruelle des Vénètes à droite. Traversez la rue Lafayette. Prenez en face et bifurquez à droite pour rejoindre le sentier côtier. Vous bénéficiez d'une vue remarquable sur le golfe du Morbihan, sur les îles et, à marée basse, sur les parcs ostréicoles. Vous atteignez le port du Guilvin, lieu d'embarquement vers les îles et le tour du golfe en période estivale. Continuez le sentier côtier.

1 Vous rejoignez une impasse, prenez-la à droite et à l'intersection, poursuivez la route à gauche le long de l'anse du Talhir. Au bout de l'anse, prenez à gauche la direction de la pointe de Kerpenhir. Continuez sur cette route pendant 400 mètres.

LA CITÉ DE L'HUÎTRE

Locmariaquer a été le berceau de l'huître plate à partir de la fin du XIXe siècle, la culture prospéra jusque dans les années 1970, période à laquelle l'huître plate du golfe fut décimée par un parasite. L'huître creuse d'origine japonaise fut alors introduite, Locmariaquer demeure aujourd'hui l'une des plus importantes zones ostréicoles de la Bretagne Sud.

LE FIEF DES KAËR

De nombreux lieux de Bretagne portent le nom de Locmaria, qui signifie « lieu consacré à Marie ». Pour les différencier, on ajouta fréquemment le nom de la seigneurie locale qui possédait les terres. Cette pointe, entre le golfe du Morbihan et la baie de Quiberon, était le fief de la baronnie des Kaër qui donna naturellement son nom à la cité.

VERS LES GRANDS SITES MÉGALITHIQUES

2 Empruntez le sentier à gauche au niveau d'un panneau indiquant « site naturel protégé – Conservatoire du Littoral ». Vous rejoignez le sentier côtier que vous suivez jusqu'à la pointe de Kerpenhir. Vous longez ensuite les plages du Rolay puis la Grande Plage de Locmariaquer. Vous atteignez le dolmen des Pierres Plates, dont vous pouvez admirer les magnifiques gravures. Respectez le monument !

3 Au bout de la plage de Kéréré, prenez la route à droite vers les résidences. Aux premières maisons, tournez à gauche et poursuivez par le chemin menant au village de Kerlud. À l'entrée du village, prenez à gauche, traversez le village et empruntez le sentier à droite.

4 Vous rejoignez une route, longez-la à droite. Au niveau des terrains de sport, traversez le parking. Traversez ensuite la route et continuez en face jusqu'au site mégalithique de la Table des Marchands. Poursuivez en longeant le site mégalithique. Au cimetière, prenez à droite la ruelle du Bronzo sur 200 m. Vous pouvez faire un aller-retour jusqu'au bout de la rue pour découvrir la chapelle Saint-Michel. Au retour, tournez à droite dans la ruelle des Écoles. Vous arrivez en face de l'office de tourisme. Prenez à droite et traversez la place de la mairie à gauche, vous redescendez vers le port. Remontez ensuite la rue Clemenceau et tournez dans la deuxième à gauche, la rue Victor-Hugo et encore à gauche dans la ruelle des Vénètes pour rejoindre le parking.

À la pointe de Kerpenhir.

LE SITE DES MÉGALITHES

Le Grand menhir brisé (20,60 m – 280 tonnes) est la plus grande stèle d'Europe. La Table des Marchands est un dolmen à couloir de 7 mètres qui débouche sur une grande chambre funéraire comprenant une remarquable stèle gravée. Le tertre d'Er Grah mesure quelque 140 m de longueur et 16 m de large. Ces trois monuments mégalithiques de première importance ont été érigés entre 4700 et 3800 avant J.-C. Ils ont été restaurés au début des années 1990 après d'importantes fouilles.

INFORMATIONS PRATIQUES

Accès : Sur la N165, prenez la sortie Auray et suivez vers le sud la D28, puis la D781 jusqu'à Locmariaquer. À Locmariaquer, entrez dans le bourg par la rue de la Victoire, passez la place Evariste-Frick et suivez la rue Wilson. Garez-vous sur le parking Wilson.
Restauration : restaurants à Locmariaquer.
Hébergement : office de tourisme de Locmariaquer, tél. : 02 97 57 33 05.
À visiter : le site des mégalithes (visite libre ou commentée), tél. : 02 97 57 37 59 (site labellisé « Tourisme et Handicap »). www.locmariaquer.monuments-nationaux.fr

LE CIRCUIT DES MARAIS À LARMOR-BADEN

8,5 KM

BALADE 4

FACILE

2 H 45

Ce circuit mène sur deux sites voisins extrêmement différents, l'île Berder, « l'île magique » aux ambiances méditerranéennes, largement ouverte sur le golfe, et le marais de Pen en Toul, un univers préservé qui dégage une atmosphère un brin mystérieuse.

Vue sur l'île Berder.

LE TOUR DE L'ÎLE BERDER

De la place de l'Église, repérez la petite sente qui part au niveau du panneau « interdit au vélo ». Descendez le sentier aux Oiseaux, vous rejoignez le sentier de la Plage. Prenez à gauche et continuez le sentier côtier. À la cale, au bout du parking, empruntez le sentier sur la petite digue. Vous passez devant les maisons en bord de mer. Le sentier remonte à gauche, vous rejoignez une rue. Descendez à droite et prenez la chaussée submersible pour rejoindre l'île.

1 Prenez le sentier à droite pour faire le tour de l'île. Vous entrez dans le bois de pins. Tout au long de la balade, des sentes vous amènent vers de petites criques de sable. Vous rejoignez la pointe sud de l'île d'où vous apercevez l'île de Gavrinis. Sur l'autre versant, vous poursuivez dans une végétation sensiblement moins abondante qui vous permet d'apercevoir l'île aux Moines. Vous atteignez une cale. Plus loin, vous longez une petite plage. À ce niveau, laissez la sente qui part à droite vers la pointe, continuez à gauche pour rejoindre l'entrée de l'île.

VERS LE MARAIS

2 Prenez à droite, montez la rue. Après un virage, à la fourche, prenez à droite la rue de la Montagne. Continuez la rue jusqu'à la route de Vannes que vous empruntez à droite. Laissez la première rue tout de suite à droite, et continuez jusqu'à la rue du Moulin. Empruntez cette petite rue à droite. Poursuivez par le chemin de Pen en Toul dans le prolongement. Au bout, poursuivez cette rue à gauche à travers le bois de pins.

3 À la départementale, traversez et longez la digue. Au bout, prenez le chemin qui part

derrière la maison. À un embranchement, délaissez le chemin de droite et continuez à longer le marais.

4 Vous rejoignez une route au niveau de La Saline. Dans le hameau, prenez un sentier à gauche qui vous ramène en bordure de marais. Continuez ce sentier jusqu'à rejoindre une route. Suivez-la à droite. Au croisement, longez la départementale à gauche jusqu'à l'église.

Le marais de Pen en Toul.

L'ÎLE BERDER

Cette petite île de 23 ha n'est accessible qu'à marée basse par un gois. À la fin du XIXe siècle, l'île fut achetée par un comte, ami du général Boulanger. Le nouveau propriétaire y fit construire une luxueuse maison d'habitation dotée d'une tour octogonale de cinq étages qui lui donne son style mauresque. Il fit bâtir, à l'extrémité nord de l'île, une chapelle pour le mariage de son fils. Il y créa un surprenant parc aux tonalités méditerranéennes. On y remarque notamment une belle collection de palmiers et de majestueux résineux.

La maison à la tour octogonale.

LE MARAIS DE PEN EN TOUL

La digue a été construite au XIXe siècle pour y créer des marais salants, mais l'exploitation ne dura que quelques décennies. Ce bras de mer d'une quarantaine d'hectares est désormais classé « espace protégé ». C'est un des principaux sites du golfe pour l'accueil des oiseaux migrateurs. La faune aquatique y est également très riche, petits crustacés, poissons (bar, dorade, anguille). La diversité des milieux (prairies, roselières, bosquets…) favorise la vie d'insectes variés, on y a notamment dénombré une quarantaine d'espèces de papillons.

© Claire Boichard

La digue du marais.

INFORMATIONS PRATIQUES

Accès : de Vannes, prenez la D101 en direction de Baden – Le Bono. Au rond-point du Moulin de Pomper, suivez le D316 jusqu'à Larmor-Baden. Garez-vous place de l'Église.
Restauration : plusieurs restaurants à Larmor-Baden.
Hébergement : hôtel Rando Accueil *Le Parc Fétan* à Larmor-Baden, tél. : 02 97 57 04 38.
Autres hébergements : Golfe du Morbihan Vannes Tourisme, tél. : 02 97 47 24 34
À visiter : visite du marais de Pen en Toul accompagné d'un animateur nature de Bretagne-Vivante, tél. : 02 97 66 92 76.
À voir à proximité : le cairn de Gavrinis sur l'île du même nom, départ de la cale de Larmor-Baden, tél. : 02 97 57 19 38.

LA POINTE DE PORT-BLANC À BADEN

8 KM

BALADE 5

FACILE

2 H

Situé à l'extrémité est de la commune de Baden, Port-Blanc est le port d'embarquement pour les îles du golfe, dont l'île aux Moines, de laquelle il est séparé par un simple goulet d'à peine 300 m de largeur. Cette balade facile peut aussi être réduite à une flânerie de 4 km autour du port.

© OT Vannes

Le site de Bois Bas.

GRAND ANGLE SUR L'ÎLE AUX MOINES

Du parking, rejoignez le rond-point et empruntez l'allée Er Lannic à droite. Au fond du parking, poursuivez par le sentier à droite. Continuez jusqu'à la plage de Toulindac. Vous rejoignez ensuite une route au niveau d'une ferme ostréicole. À l'intersection, continuez à gauche et à 100 m, à la fourche, poursuivez la route à droite.

1 Vous rejoignez la départementale. Prenez-la à gauche sur quelques mètres, traversez et prenez en face en direction de Keriboul. À 200 m, à l'intersection, bifurquez à droite. Laissez la rue à gauche et après le virage, descendez le chemin à gauche qui vous ramène sur le sentier côtier que vous empruntez à gauche. À 500 m, quittez le rivage et suivez le sentier le long d'une propriété.

LE TOUR DE LA POINTE DE PEN MERN

2 Vous rejoignez une route que vous prenez à droite. Tournez dans la première rue à gauche et à l'intersection, continuez à droite. Vous passez devant la chapelle Notre-Dame de Pen Mern. Laissez la rue qui part à droite. À 50 m, au niveau de l'aire de stationnement, empruntez le chemin qui s'enfonce à droite dans le sous-bois. Faites le tour de la pointe de Pen Mern.

3 À la route, descendez à gauche. Dans le virage, prenez à gauche pour rejoindre le sentier côtier. Au niveau des bâtiments ostréicoles, remontez à droite. À la rue, prenez à gauche et tout de suite à droite pour reprendre le sentier côtier. Vous retrouvez l'itinéraire « aller », continuez le long du rivage jusqu'à rejoindre l'embarcadère de Port-Blanc. Vous apercevez en face l'île aux Moines. Remontez ensuite l'allée de l'embarcadère pour rejoindre le parking.

PORT-BLANC

Port-Blanc est le port d'embarquement pour l'île aux Moines, de laquelle il est séparé par un simple goulet d'à peine 300 m de largeur. C'est aussi un point de départ pour les îles d'Arz, Houat et Hoëdic en été. Le petit port s'est développé au milieu du XIXe siècle lorsque la première cale fut construite. Aujourd'hui, Port-Blanc est aussi devenu un port important du golfe pour la plaisance.

© OT Vannes

Port-Blanc.

INFORMATIONS PRATIQUES

Accès : sur la N165, prenez la sortie Auray. Aux deux ronds-points suivants, suivez la direction le Bono – Baden. Poursuivez par la D101, traversez Baden. À 4 km et au giratoire, prenez à droite vers Larmor-Baden. Au giratoire suivant, continuez à gauche vers Port-Blanc. À Port-Blanc au rond-point, prenez à droite, garez-vous sur le parking.
Restauration : plusieurs restaurants à Port-Blanc.
Hébergements : Golfe du Morbihan Vannes Tourisme, tél. : 02 97 47 24 34
À visiter : le musée des Passions et des Ailes (à Baden, à proximité du point Information tourisme), tél. : 02 97 57 27 89.

LA CHAPELLE DE PEN MERN

Malgré son aspect extérieur curieusement austère, avec ses deux contreforts en façade et son minuscule clocheton, la chapelle Notre-Dame (XVe siècle) située à Pen Mern mérite une halte. On remarquera à l'intérieur, sous la voûte bleue étoilée, son retable du début du XXe siècle, quelques belles statues et surtout un tableau représentant « les Pèlerins d'Emmaüs » (G. Girodon), ainsi que deux *ex-voto* représentant deux vaisseaux de guerre.

© OT Vannes

JOSEPH LE BRIX

Le lieutenant de vaisseau Joseph Le Brix est un enfant du pays, il est né à Baden en 1899. Il est considéré comme un des pères de la navigation aérienne. Antoine de Saint-Exupéry a écrit cet éloge le concernant : « Un regard qui éclairait et ennoblissait ce qu'il touchait. Le Brix ne remarquait rien qui fût laid et pouvait aborder ainsi avec une splendide confiance hommes et choses. »

LE CIRCUIT DES POINTES À ARZON

9,5 KM

BALADE 6

ASSEZ FACILE

3 H

JAUNE

À l'extrémité de la presqu'île de Rhuys, Port-Navalo, situé face à la pointe de Kerpenhir à Locmariaquer, marque l'entrée du golfe du Morbihan. Après ce charmant petit port, cette balade mène sur les pointes nord de la commune d'Arzon, de petits promontoires qui offrent de grands panoramas sur les îles.

La pointe d'Arzon.

LES GRANDES RÉGATES DE PORT-NAVALO

C'est en 1894 que fut construite la cale qui permit l'organisation des Grandes Régates internationales de Port-Navalo. Fin du XIXe siècle, le yachting connaissait un engouement qui touchait un large public, les régates regroupaient alors, marins de haute mer, pêcheurs côtiers, régatiers confirmés ou amateurs. Les bateaux de prestige côtoyaient de petites barques à voile, le monde de la mer était réuni, et sur la côte aussi la fête battait son plein. Début août, chaque année, cette grande fête maritime attire toujours la foule.

Port-Navalo.

L'anse de Port-Navalo.

D'ARZON À PORT-NAVALO

Dos à l'église, prenez la rue en sens unique légèrement sur la gauche et à 20 m, continuez sur la droite par le chemin des Saules. Poursuivez par une allée. Vous traversez la rue des Ajoncs et continuez en face par le chemin de Pouil. Aux maisons, poursuivez toujours tout droit rue de Sainte-Anne. Vous rejoignez la rade de Port-Navalo.

DE POINTES EN POINTES PAR LE SENTIER CÔTIER

1 Longez le boulevard à droite et au bout de la rade, empruntez le sentier côtier. Vous rejoignez le boulevard au niveau d'un dolmen. Poursuivez jusqu'à la pointe de Bilgroix et revenez sur vos pas. Reprenez le sentier en face du dolmen et revenez ensuite vers le boulevard que vous suivez à droite avant d'emprunter la rue du Dolmen sur la gauche. 50 m après le virage, bifurquez à gauche dans la petite allée qui part entre deux propriétés.

2 À la plage, continuez à droite. Vous remontez vers le vieux village de Monteno par la rue du Tréno. Au carrefour, poursuivez à gauche par la rue du Port-Douar. Prenez le sentier dans le prolongement jusqu'à la pointe de Monteno. Vous rejoignez ensuite

LE DOLMEN DE GRAH NIOL

Grah Niol signifie « montagne (ou butte) du soleil », c'est un dolmen du néolithique bien conservé. On peut encore y repérer quelques gravures, une dalle est ornée d'une silhouette dite « la Déesse », une autre porte les traces de trois crosses, et la dalle de couverture de la chambre possède une gravure représentant une hache emmanchée. Le tumulus a perdu une partie de sa forme initiale. L'accès est libre.

© Alain Le Borgne

la plage des Fontaines puis la pointe de Pembert où vous bénéficiez à nouveau d'un beau panorama sur le golfe. Le sentier vous ramène au fond de l'anse et vous rejoignez par une allée la rue de la Palisse. Empruntez-la à gauche et au bout, reprenez le sentier côtier jusqu'à la pointe de la Palisse. Continuez encore le long du rivage sur quelque 400 m.

3 Quittez la côte par le sentier à droite entre les champs. À 150 m, au carrefour de sentiers, bifurquez à droite. Poursuivez sur la gauche. Vous rejoignez le bitume et découvrez plus loin sur votre droite le dolmen de Grah Niol. Au bout de l'impasse, continuez tout droit. Traversez ensuite la rue des Bruyères et prenez en face la rue en sens interdit pour rejoindre l'église.

INFORMATIONS PRATIQUES

Accès : sur la N165, au niveau de Vannes, prenez la D780 en direction de la presqu'île de Rhuys. Poursuivez tout droit jusqu'à Arzon. Garez-vous à proximité de l'église.

Restauration : restaurants à Arzon, Port-Navalo et port du Crouesty.

Hébergements : Bureau d'information touristique d'Arzon, tél. : 02 97 63 59 59.

LE GRAND MONT À SAINT-GILDAS-DE-RHUYS

9 KM

BALADE 7

FACILE | 3 H | JAUNE

Saint-Gildas-de-Rhuys présente une côte rocheuse entrecoupée de petites criques et de belles plages de sable fin exposées plein sud. Ce circuit vous mène, en longeant cette superbe côte, jusqu'au Grand Mont, véritable promontoire qui offre un point de vue remarquable sur la baie de Quiberon et les îles de Houat, Hoëdic et Belle-Île-en-Mer.

Le Grand Mont.

VERS LE SENTIER CÔTIER PAR LES PETITES RUES DITES « LES CHEMINS »

Du parking du Puits David, rejoignez la place Monseigneur-Ropert par le chemin du Puits-David. Empruntez derrière l'abbatiale la rue dite « Chemin des Dames », continuez tout droit, laissez le chemin du Grazo à droite. Vous rejoignez le chemin du Petit-Pont, bifurquez à droite. Au croisement avec le chemin de la Fontaine-Saint-Félix, continuez toujours tout droit par le chemin du Clos-Castel. Au bout, empruntez le sentier interdit aux véhicules, dit « chemin Sav-Héol ». Laissez les embranchements de droite et de gauche, poursuivez jusqu'à rejoindre un lotissement. Continuez tout droit jusqu'au carrefour avec la route qui mène de Sarzeau à Saint-Gildas.

1 Traversez et empruntez en face légèrement sur la gauche le chemin de Poul-Mare. À 300 m, au carrefour de chemins, bifurquez à droite. Vous rejoignez à nouveau des habitations, continuez tout droit par le chemin de Kerbistoul, jusqu'à la route.

2 Au croisement, suivez la route en face, légèrement sur la gauche. À 100 m, dans le virage, poursuivez en face dans la rue dite « chemin de la Grande-Vigne ». Au carrefour suivant, bifurquez à gauche dans le chemin du Ligno. Continuez tout droit dans cette rue, puis suivez le chemin dans le prolongement qui vous mène à la côte, au niveau de la plage du Poul.

VERS LE GRAND MONT PAR LE SENTIER CÔTIER

3 Empruntez le sentier côtier à droite. Vous découvrez au bord du sentier, le menhir de la Pierre Jaune. Entre les portions de côte rocheuse, vous longez les plages de Kercambre puis de Kerfago et vous

atteignez Port aux Moines, un mouillage abrité des vents. Juste après, vous passez la plage de Port Maria. Continuez le long de la côte, de falaises en petites criques, jusqu'au Grand Mont.

4 De la pointe, empruntez la route du Grand Mont en direction de Saint-Gildas. Poursuivez le long de cette rue jusqu'au bourg. Au carrefour, bifurquez à droite dans la rue des Vénètes puis à gauche pour rejoindre le parking.

L'ABBAYE DE RHUYS

L'abbaye fut fondée au VIe siècle par Gildas, un moine venu d'Angleterre. Elle fut d'abord construite en bois sur les vestiges d'un oppidum romain. Après sa destruction, lors des invasions normandes au Xe siècle, elle fut reconstruite en pierre. Elle vit passer plusieurs abbés et notamment Abélard, le célèbre philosophe et théologien du XIIe siècle. L'abbatiale demeure un rare témoignage de l'art roman en Bretagne. L'abbaye est devenue aujourd'hui un centre culturel et spirituel qui accueille tous les publics.

© OT de la presqu'île de Rhuys

L'abbatiale de Saint-Gildas-de-Rhuys.

LA LÉGENDE DE LA PIERRE JAUNE

Il y a fort longtemps, il y avait, sur la presqu'île de Rhuys, une femme toute puissante qui possédait terres et château, elle se nommait Guielone. Lors d'une foire, elle acheta vingt moutons à des fermiers, dont la fille Delphine avait pour fiancé le jeune Yvonick. Guielone imposa que ce soit Yvonick qui lui livre les bêtes. Lorsque celui-ci se présenta au château, elle exigea qu'il devienne son époux. Celui-ci refusa et fut enfermé dans une tour. Il réussit à s'en évader. Guielone repéra la manœuvre et arma son arc vers le fuyard, mais Delphine qui avait observé la scène en fit de même. Sa flèche partit la première. Guielone tomba, une grande flamme s'éleva du corps gisant. En s'éteignant, la flamme laissa place à une grande pierre jaune.

Le menhir de la Pierre Jaune.

INFORMATIONS PRATIQUES

Accès : sur la N165, au niveau de Vannes, prenez la D780 en direction de la presqu'île de Rhuys. À Sarzeau, au giratoire de Kerollaire, prenez la direction de Saint-Gildas-de-Rhuys. Garez-vous sur le parking du Puits David au centre-ville.
À visiter : l'abbatiale de Saint-Gildas-de-Rhuys, tél. : 02 97 45 38 80 (« Les Amis de l'abbatiale »).
Restauration : plusieurs restaurants à Saint-Gildas-de-Rhuys.
Hébergements : Bureau d'information touristique de Saint-Gildas-de-Rhuys, tél. : 02 97 63 59 59.

SARZEAU – AUTOUR DU CHÂTEAU DE SUSCINIO

10 KM

BALADE 8

ASSEZ FACILE

3 H

JAUNE

Au départ du château de Suscinio, cette balade conduit d'abord dans le marais avant de redescendre vers le sentier côtier où vous bénéficierez de beaux points de vue sur l'anse de Sarzeau et plus largement sur l'océan. Possibilité de ne faire que la variante de 6,5 km.

Les marais de Suscinio.

À TRAVERS LE MARAIS DE SUSCINIO

Dos au château, prenez la route à droite, continuez vers les maisons. Prenez la route à gauche et à quelques dizaines de mètres, bifurquez dans le chemin à droite juste devant une maison. À 300 m, à l'intersection de chemins, poursuivez par le chemin de droite qui traverse le marais. Vous rejoignez une route, suivez-la à gauche jusqu'au village de La Brousse.

1 Après le village, à l'intersection, prenez à gauche et à 50 m, tournez dans le large chemin à droite, avant les maisons du lieu-dit La Barquerie Sodrio. Vous pouvez raccourcir le circuit en continuant tout droit et en prenant à gauche à 200 m vers la pointe de Beg Lann. Si vous optez pour le circuit long, poursuivez sur le chemin dit « le chemin vert ». Vous longez ensuite le mur du parc ducal de Gliscoët. Vous atteignez les premières maisons du village de Kergorange. Laissez une impasse à gauche.

PANORAMAS SUR L'OCÉAN

2 Au carrefour suivant, tournez à gauche. Poursuivez 300 m jusqu'à une fourche. Continuez la rue Jean-de-la-Fontaine sur la gauche. Traversez le hameau de Lann Hoëdic et à la sortie, continuez tout droit dans le chemin en lisière de bois jusqu'à rejoindre la côte. Empruntez le sentier côtier à gauche. Vous passez en bordure du domaine des Grèves et rejoignez la pointe de Beg Lann, où vous profitez d'un beau panorama sur la côte sud de la presqu'île et sur les îles de Houat et Hoëdic.

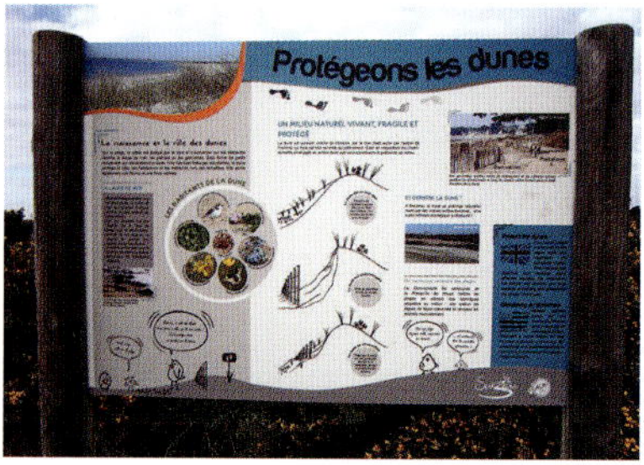

© Alain Le Borgne

3 Continuez ensuite le sentier entre la plage et le marais et à quelque 700 m de la pointe, bifurquez dans le chemin à gauche qui rentre dans le marais. À la première intersection, reprenez à droite l'itinéraire « aller » jusqu'au château. Prenez le temps d'en faire le tour et de le visiter.

LES OISEAUX DU MARAIS

Les marais, classés « espaces remarquables sensibles », présentent une biodiversité remarquable. On y trouve notamment une étonnante variété d'oiseaux, de nombreux échassiers (aigrette garzette, héron cendré, ibis sacré et ibis spatule), des palmipèdes (mouette rieuse, goéland, sterne, cygne...), des limicoles (échasse blanche, chevalier gambette, bécassine...), des rapaces (busard des roseaux, faucon crécerelle...) et une multitude de passereaux (gorgebleue à miroir, bergeronnette, alouette des champs, linotte, pipit farlouse...). À vos jumelles !

© D. Ledan - PNR Golfe du Morbihan

INFORMATIONS PRATIQUES

Accès : sur la N165, au niveau de Vannes, prenez la D780 en direction de la presqu'île de Rhuys. Quittez la départementale au niveau de Sarzeau, et suivez le fléchage « Château de Suscinio ». Garez-vous sur le parking du château.
À visiter : le château de Suscinio (visite libre et visite guidée), tél. : 02 97 41 91 91.
Restauration : restaurants à Sarzeau et à Penvins, crêperie à Suscinio.
Hébergements : Bureau d'information touristique de Sarzeau, tél. : 02 97 63 59 59.

LE CHÂTEAU DE SUSCINIO

Le château de Suscinio, construit entre le XIIIe et le XVe siècle, est une ancienne résidence des ducs de Bretagne. Avant d'accueillir une résidence ducale, Suscinio était le lieu d'implantation d'un prieuré bénédictin. Les moines défrichèrent le site pour le cultiver. Le nom « Suscinio » viendrait de cette période, il signifierait « le lieu où il y a des souches ». À la fin du XVe siècle, pour des raisons économiques et politiques, les ducs de Bretagne vont le délaisser. Son état se dégrade. Suite à l'unification de la Bretagne et de la France, il devient propriété royale, avant d'être attribué à différents propriétaires qui l'entretiennent peu. Il est progressivement abandonné. En 1965, le conseil général du Morbihan rachète le domaine et d'importants travaux de restauration sont engagés. Le site est désormais un agréable et surprenant lieu de visite à ne pas manquer.

© Alexandre Lamoureux

BALADE 9

AUTOUR DE BRILLAC

7 KM

FACILE

2 H 15

JAUNE

Cette balade facile offre de multiples intérêts (dolmen, ferme ostréicole…) et s'ouvre sur des paysages étonnamment variés. Au retour, prenez le temps de flâner dans le petit village de Brillac et de découvrir l'église qui accueille une colonie de chauves-souris, de l'espèce du « Grand rhinolophe ».

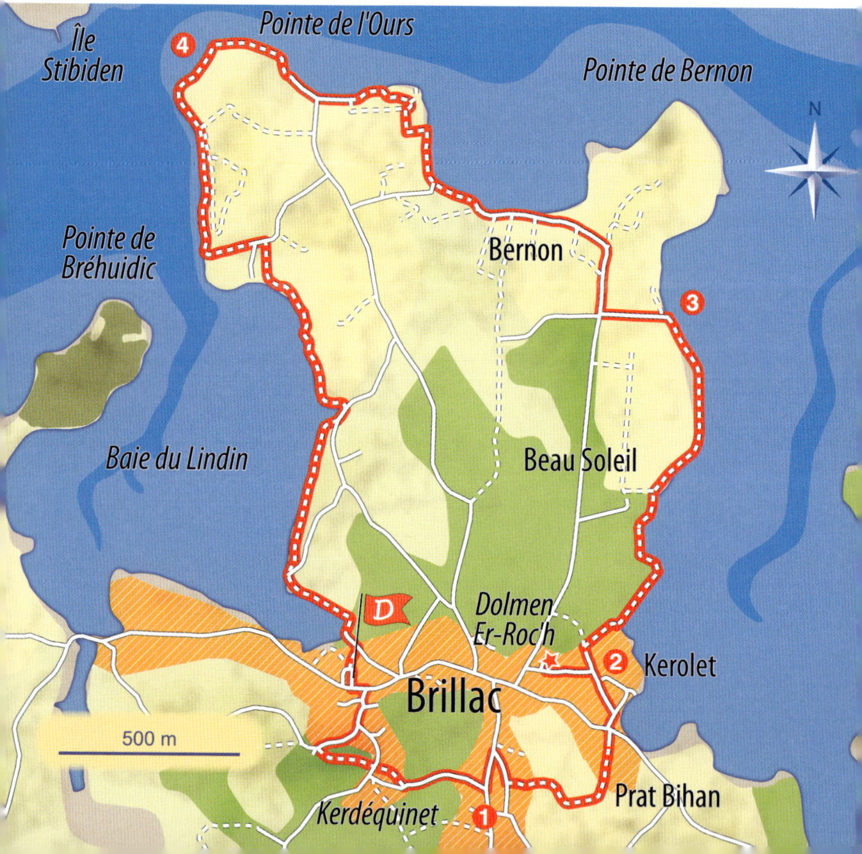

Le dolmen Er Roc'h.

UN DÉTOUR EN CAMPAGNE

Du parking, empruntez la rue Saint-Maur à gauche et tournez tout de suite dans la rue Abbé-Briand à droite. Passez derrière l'église. Dans le virage, bifurquez dans le chemin enherbé à droite, le chemin de Porh-Ut. À l'intersection, reprenez le chemin de gauche. Revenez à la route, remarquez l'ancien moulin à vent sur votre gauche (propriété privée). Traversez et suivez le chemin du Rah-Houet qui part à gauche du calvaire. À l'intersection suivante, poursuivez à gauche jusqu'à la rue Anne-de-Bretagne.

1 Longez-la à gauche sur une cinquantaine de mètres et bifurquez à droite dans la rue dite « chemin de la Blanche-Hermine ». À 50 m, ne ratez pas le chemin à gauche qui s'enfonce entre deux propriétés. Continuez celui-ci jusqu'à rejoindre le hameau de Prat Bihan. Traversez la route en direction de Kerolet. À 20 m, bifurquez dans la première rue à gauche.

2 À l'intersection, tournez à gauche pour aller voir le dolmen Er Roc'h, situé à une centaine de mètres sur une petite place à droite. Revenez sur vos pas et continuez à gauche dans le chemin Marie-Payen. À l'intersection, bifurquez à droite pour rejoindre le sentier côtier que vous suivez sur un bon kilomètre.

PANORAMAS SUR LES ÎLES

3 Quittez le rivage, une allée longeant le mur d'une propriété vous amène à la route de Bernon. Suivez celle-ci à droite. Après un virage à gauche, vous rejoignez la plage et le petit port de Bernon (table de pique-nique). Vous passez ensuite la ferme ostréicole *Les Viviers du Piniel*. Poursuivez par le sentier côtier jusqu'à la pointe de l'Ours. Vous apercevez les îles Stibiden, Gohivan, Brannec et l'île aux Moines.

L'HUÎTRE

L'huître nécessite trois ans de travail environ avant d'être prête à la consommation. Les larves s'accrochent d'abord sur des collecteurs (tuiles ou tubes). Elles en sont détachées au bout de trois mois pour être élevées en sac sur des « tables » situées dans les parcs qui se découvrent avec la marée. Lorsqu'elles sont à maturité (au bout de deux ans environ), elles sont affinées dans des bassins spécifiques, « les claires », pendant deux à quatre mois avant d'être mises en vente. Les huîtres du golfe ont « une saveur d'algue et un petit goût de noisette ». La commune de Sarzeau compte plusieurs chantiers ostréicoles, essentiellement sur la côte nord, côté golfe.

Chantier ostréicole.

Vers la pointe de l'Ours.

LA LÉGENDE DE JEAN BART

Face à la pointe de l'Ours, l'île de Stiriden aurait été le théâtre d'un drame atroce sous la période de la Terreur, où l'on tuait à tout va. Un dénommé Jean Bart (à ne pas confondre avec le célèbre corsaire) aurait été massacré sur l'île, le corps traversé par une barre de fer rougie au feu. Les cris du malheureux retentissent toujours la nuit et l'écho répète trois fois « Gaspard, rends la vie à Jean Bart ». Depuis, on verrait aussi parfois une lumière briller sur l'île, s'élever en l'air, faire le tour de l'étang du Lindin et retourner sur Stibiden (source A. Régent).

EN LONGEANT LA BAIE DU LINDIN

4 Vous revenez ensuite en longeant le rivage, et en sous-bois, vers le fond de la baie du Lindin. Aux premières maisons de Brillac, prenez à droite pour rejoindre le parking.

INFORMATIONS PRATIQUES

Accès : sur la N165, au niveau de Vannes, prenez la D780 en direction de la presqu'île de Rhuys. Poursuivez sur la départementale. 1 km après Sarzeau, prenez à droite la direction de Brillac. Garez-vous sur le parking de la mairie annexe.
Bonne adresse : la ferme ostréicole *Les Viviers du Piniel* (sur le circuit), tél. : 02 97 54 98 86.
Restauration : bar-épicerie à Brillac – plusieurs restaurants à Sarzeau.
Hébergements : Bureau d'information touristique de Sarzeau, tél. : 02 97 63 59 59.

BALADE 10

L'ÎLE AUX MOINES – LA PERLE DU GOLFE

8 KM

ASSEZ FACILE

3 H

Le Bois d'Amour, la Grande Plage aux accents de station balnéaire de la Belle Époque, les mégalithes, le patrimoine religieux, ce circuit fait l'inventaire des nombreuses richesses de cette île, la plus étendue du golfe (310 ha).

La grande plage de l'île aux Moines.

LE PATRIMOINE MÉGALITHIQUE

L'île aux Moines possède un patrimoine archéologique remarquable érigé entre 4 500 et 2 000 ans avant J.-C. L'enceinte de Kergonan est composée de vingt-quatre menhirs alignés en forme d'écusson. Au sud de l'île se dresse le dolmen de Penhap dont une des pierres est ornée de gravures représentant un cachalot. D'autres dolmens ont été fouillés à Boglieux, la Vigie, Kerno, Men-Guen…

Le Cromlec'h de Kergonan.

La chapelle du Guerric.

DE L'EMBARCADÈRE À L'ANSE DU VRAN

Du port du Lériot, longez le quai à droite, au bout empruntez le sentier côtier. Passez le Bois d'Amour, vous atteignez la pointe de Toulindac. Poursuivez, vous longez la Grande Plage. Au carrefour, continuez le sentier côtier. Vous rejoignez une petite digue. Montez le sentier à gauche. En haut, poursuivez dans la ruelle à gauche et prenez le sentier tout de suite à droite. À la rue, tournez à gauche, et à l'intersection, prenez à droite la rue en épingle à cheveux. Continuez jusqu'au Cromlec'h de Kergonan que vous découvrez sur votre droite.

1 Reprenez la route et continuez jusqu'à la croix de Kerno. Au niveau de la croix, empruntez le sentier à gauche, descendez les marches. Continuez jusqu'à rejoindre le sentier côtier que vous empruntez à gauche. Longez l'anse du Vran.

LE CHANTIER DU GUIP

Lorsqu'il fut créé en 1976, le chantier naval s'est installé dans l'anse du Guip sur la côte est de l'île aux Moines. Le chantier est désormais également implanté à Brest et Lorient. Il s'est spécialisé dans la construction de navires « à l'ancienne » et dans la restauration des bateaux du patrimoine, comme les Sinagots (bateaux traditionnels du golfe) et l'emblématique goélette *La Recouvrance*. Le chantier s'est également rendu célèbre par la construction des Guépards, de remarquables petits dériveurs.

© PNR Golfe du Morbihan

Le Guépard.

RETOUR PAR L'ANSE DU GUERRIC ET LE BOURG

2 Au fond de l'anse du Vran, prenez le chemin à gauche. Vous débouchez sur une allée, prenez à droite. À l'entrée dans le village de Kerbilio, continuez à gauche vers la route. Au carrefour, empruntez celle-ci à gauche. Vous passez devant la chapelle Sainte-Anne et le château du Guerric, une belle demeure bourgeoise du XVIIIe siècle. Longez l'anse du Guerric. Continuez tout droit sur la route principale.

3 Au carrefour, prenez à droite la rue du Presbytère, continuez par la rue de Brest et la rue de l'Église jusqu'à l'église Saint-Michel. Prenez la première rue à gauche juste après l'église. Au bout, continuez à gauche par la rue de la Maine vers le centre-bourg. Passez devant la chapelle Notre-Dame-d'Espérance. Au fond de la place, suivez la rue du Commerce. Au bout, descendez à droite la rue du Bindo, empruntez ensuite les escaliers et rejoignez le port.

INFORMATIONS PRATIQUES

Accès : liaisons régulières, au départ de Port-Blanc à Baden (durée de la traversée : 5 min). Renseignements : Izenah Croisières, tél. : 02 97 26 31 45 ou 02 97 57 23 24 (d'avril à septembre).
Hébergements : Golfe du Morbihan Vannes Tourisme, tél. : 02 97 47 24 34.
À visiter : La ferme de Kergonan présente la faune et la flore de l'île. La grange raconte le néolithique et l'histoire des mégalithes, tél. : 02 97 26 32 61 (mairie).

BALADE 11

ARZ - L'ÎLE DES CAPITAINES

11 KM

ASSEZ FACILE

3 H 30

Elle tient son surnom « d'île des capitaines » car de nombreux navigateurs au long cours en sont natifs ou y ont séjourné. Cette balade, qui peut être prolongée à loisir, offre un bel aperçu de cette île plate et dentelée, où la mer et la terre se confondent.

Le bourg de l'île d'Arz.

VERS LA PRESQU'ÎLE DE BILHERVÉ

Au débarcadère, prenez le sentier à gauche après le parking. Continuez le long du littoral jusqu'à l'isthme de Bilhervé. Empruntez la digue pour rejoindre la presqu'île de Bilhervé. Au bout de la digue, prenez à droite et faites le tour de la petite presqu'île sans entrer à l'intérieur (propriété privée). Au niveau de la pointe de Nénézic, vous apercevez en face l'île de Boëd, accessible à pied à partir du continent, de la commune de Séné. De retour sur l'île, au hameau de Rudevent, continuez la route sur quelques dizaines de mètres et tournez à gauche. Prenez encore à gauche le sentier pour rejoindre la côte. Poursuivez dans le fond de la petite anse.

1 Empruntez le chemin le long d'un muret et prenez tout de suite à gauche, derrière les maisons. Continuez plus loin par le sentier à droite. Vous rejoignez une plage. Au bout, au niveau de la petite cale, prenez le sentier à droite et poursuivez la rue dans le prolongement jusqu'au centre-bourg. Au carrefour, continuez par la Grande rue, sur la gauche. Au bout, à la fourche, bifurquez à droite puis à gauche à 20 m dans le chemin de Penher. Continuez tout droit, vous quittez le bourg et atteignez la côte ouest de l'île.

DU BOURG AU PORT PAR LE MOULIN DE BERNO

2 Poursuivez à droite jusqu'à une petite cale. Vous rejoignez ensuite l'isthme qui rejoint la presqu'île de Berno. Empruntez la digue, faites le tour de l'étang et prenez la digue du moulin à marée. Reprenez ensuite le sentier côtier dans le prolongement. Vous rejoignez une rue que vous suivez à gauche le long de la plage jusqu'à l'embarcadère.

JEAN BULOT

Figure de l'île d'Arz, Jean Bulot y est né, dans une famille de marins, en 1939. Après une carrière dans la marine marchande, il a commandé, pendant plus de vingt ans, les puissants remorqueurs de haute mer et de sauvetage dont le célèbre *Abeille Flandre*, et il a participé à plus d'une centaine de sauvetages. Il se consacre désormais à l'écriture. Il a publié, entre autres, *L'Île des capitaines* où il retrace l'histoire de « son » île, *Colères noires*, consacré à la catastrophe de *L'Erika* et, plus récemment *Le Cargo assassiné*.

Vue sur le moulin de Berno.

INFORMATIONS PRATIQUES

Accès : au départ de Vannes-Conleau et de Séné : la compagnie « Les Bateaux-Bus du golfe » (toute l'année), tél. : 02 97 44 44 40, www.bateaux-bus-du-golfe-vannes.fr – Navix – « Compagnie des îles » (d'avril à septembre), tél. : 02 97 46 60 00, www.navix.fr (durée de la traversée : 30 min).
Hébergements : Golfe du Morbihan Vannes Tourisme, tél. : 02 97 47 24 34.
À visiter : Musée Marins et Capitaines, tél. : 02 97 48 65 84.

LE MOULIN DE BERNO

Le moulin à marée de Berno était en fonction jusqu'en 1910. Comme nombre de moulins, il fut abandonné au profit des minoteries industrielles. À l'initiative d'une association, sous l'impulsion du marin-écrivain Jean Bulot, il a été restauré à partir de 1994 par une équipe de bénévoles. En passant par la digue, elle-même rénovée, on découvre le système de vannes, la roue et le mécanisme. Le moulin fonctionne aujourd'hui comme par le passé, ce qui est unique dans le golfe.

© Magali Bervas

BALADE 12

AUTOUR D'ARRADON

9 KM

ASSEZ FACILE — 2 H 30

Parfois nommé « la Riviera du Golfe », Arradon est un véritable balcon sur la petite mer. Ce circuit, qui peut être divisé en deux, conduit à la découverte d'un patrimoine bâti éclectique et d'un patrimoine naturel qui alterne ambiances maritimes et paysages ruraux.

Au fond de l'anse d'Arradon.

VERS LA POINTE PAR LE SENTIER CÔTIER

Du parking, rejoignez la rue des Frères-Mithouard, en contrebas de la chapelle. À l'angle du restaurant, suivez la direction du camping. Poursuivez dans la rue Saint-Vincent-Ferrier. À la fourche, continuez légèrement à droite en direction de la pointe d'Arradon. Laissez le chemin de Sainte-Barbe sur la gauche et à 20 m, tournez à gauche vers la chapelle Sainte-Barbe. Contournez-la, vous rejoignez le chemin, prenez-le à droite jusqu'à une placette.

1 Empruntez le sentier à gauche de la maison n° 14. Vous passez au bout d'une rue, continuez le sentier qui suit un petit ruisseau jusqu'à rejoindre le chemin des Bernaches. Descendez jusqu'à la côte. Bifurquez à droite et empruntez tout de suite le passage sur la digue devant la maison blanche « La tour Vincent ». Poursuivez sur le sentier côtier. Vous apercevez en face les îles Logoden, et à l'horizon le clocher de l'île d'Arz. Suivez la corniche, momentanément interrompue. Le passage est impossible aux grandes marées.

2 Après une petite plage, bifurquez dans le sentier qui part à droite. Vous rejoignez l'impasse de Kerat. Suivez-la à droite. À l'intersection, empruntez le sentier qui

Le moulin du Paluden.

LA TOUR VINCENT

Superbement située sur la digue, en bordure du golfe, la curieuse villa blanche, avec son étrange tour, fut construite à la fin du XIXe siècle. Elle appartenait à la famille Vincent qui participa au développement de l'ostréiculture dans le golfe du Morbihan. À l'origine, il n'existait que la tour (dont la couverture a aujourd'hui changé) qui rappelle autant un phare qu'une tour médiévale.

LA CHAPELLE DU BOURG

Le petit édifice nommé « chapelle du bourg » était l'ancienne église paroissiale, elle fut construite au XVe siècle. Les corps des défunts de la commune y étaient ensevelis jusqu'au XVIIe siècle. À partir de cette époque, pour des raisons de salubrité, cette pratique fut interdite et les enterrements eurent désormais lieu dans les cimetières. La chapelle présente à l'intérieur plusieurs éléments architecturaux de style gothique, elle est désormais devenue un lieu culturel qui accueille des expositions tout au long de l'année.

part à gauche à travers l'espace naturel. Au bout, vous rejoignez un parking à bateaux, traversez-le à gauche. Longez la côte par la digue. Passez derrière un restaurant et continuez tout droit jusqu'à la pointe. Vous découvrez la cale courbe, autrefois point de départ du passeur de l'île aux Moines.

3 Remontez ensuite l'allée de la Pointe. Vous apercevez les villas du début du XXe siècle. Au parking à bateaux, reprenez le sentier à travers l'espace naturel. Au carrefour, traversez et empruntez le chemin de Pen-Meil. À l'anse de Pen Meil, suivez le sentier à droite en direction du moulin à marée.

LE GRAND TOUR D'ARRADON

4 À la route, vous pouvez raccourcir le circuit de 2,5 km. Sinon, empruntez la digue jusqu'au moulin à marée. Poursuivez ensuite jusqu'à l'exploitation ostréicole. Continuez le sentier puis la route jusqu'à la cale de Gravellic. Vous apercevez les tourelles de Pen-er-Men. Remontez ensuite la route.

5 Au parking, tournez à droite. Au bout du sentier, reprenez la route à droite. Vous longez le mur du château de Kerran. Bifurquez ensuite dans l'allée bordée d'arbres à droite. Au bout, continuez à gauche par la rue du Parc-Madame. Après le pont, tournez à droite en direction de Paluden. De retour à proximité du moulin (point 4), remontez la route. Au hameau, prenez à droite et continuez tout droit vers le bourg d'Arradon.

INFORMATIONS PRATIQUES

Accès : de Vannes, rejoignez Arradon à l'ouest de Vannes. Garez-vous au centre d'Arradon à proximité de l'église. Passeur (en saison) entre Conleau à Vannes et Barrarac'h à Séné, tél. 06 12 43 79 63.
Restauration : restaurants au bourg et à la pointe d'Arradon.
Hébergements : Golfe du Morbihan Vannes Tourisme, tél. : 02 97 47 24 34.

LE CIRCUIT DES VOILES ROUGES À SÉNÉ

6 KM

BALADE 13

FACILE

1 H 30

ROUGE

Cette balade vous mène sur la charmante et discrète presqu'île de Séné qui ouvre, d'un côté sur le golfe, et de l'autre, sur l'embouchure de la rivière de Vannes. À marée basse, vous avez aussi la possibilité de faire un agréable petit détour sur l'île de Boëde.

© M. Dallic - PNR Golfe du Morbihan

Port-Anna.

PORT-ANNA

C'est le dernier port de pêche du golfe du Morbihan. Il abrite une dizaine de petits chalutiers qui pêchent la morgate (la seiche), la civelle ou la coquille Saint-Jacques. S'il semble être un des derniers témoins de la pêche dans le golfe, son aménagement est pourtant assez récent, ce n'était qu'un lieu de mouillage naturel avant la construction d'une cale en 1953. Port-Anna est aussi un agréable lieu de flânerie qui fait le bonheur des peintres et des chasseurs d'images.

© Anne-Marie Videloup

LA POINTE DE SÉNÉ, CÔTÉ GOLFE

Du parking, descendez la rue jusqu'à la cale. Empruntez le sentier à gauche. Longez la plage jusqu'aux escaliers. Plus loin, vous apercevez sur un promontoire une croix et un corps de garde, d'où les douaniers contrôlaient l'entrée dans le port de Vannes jusqu'au début du XIXe siècle. Poursuivez le sentier jusqu'à Port-Anna. Passez devant la capitainerie et remontez la rue de Port-Anna sur quelques dizaines de mètres.

1 Empruntez le petit escalier sur la droite. Le sentier vous amène à une petite place. Descendez ensuite à droite pour rejoindre le sentier côtier. Vous apercevez en face l'île Boëdic, une île privée sur laquelle on aperçoit une chapelle, une ferme et une maison de maître.

2 Vous rejoignez la plage et la zone de mouillage de Langle. Sur la gauche, vous découvrez une fontaine et un lavoir. Poursuivez le long du rivage, vous longez des établissements ostréicoles. Continuez par la petite route pour rejoindre la cale de Badel. Vous apercevez en face l'île de Boëd, en partie propriété du département du Morbihan. Elle est accessible à pied à marée basse (attention à la montée de l'eau, et le passage n'est pas balisé).

3 Reprenez le sentier, vous passez à proximité de la fontaine de Cariel. Au fond de l'anse, à l'intersection de sentiers, continuez à droite au plus près de la côte jusqu'à rejoindre la rue des Sternes. Suivez-la à droite.

Fontaine et lavoir de Langle.

LE SINAGOT

Le Sinagot (ou Sinago) est le bateau emblématique du golfe du Morbihan. Pas besoin d'être féru de voile traditionnelle pour reconnaître rapidement ce voilier à la coque noire et aux voiles rouges. Ce petit bateau avait été conçu, au milieu du XIXe siècle, pour draguer l'huître et les crevettes (chevrettes) dans le golfe. Lorsque les ressources se sont épuisées, certains bateaux, moyennant quelques adaptations, ont quitté la « petite mer » pour pêcher dans la baie de Quiberon. Aujourd'hui, des associations de passionnés font revivre la mémoire de ce bateau emblématique dont la majorité est construite à Séné. Le nom des habitants de la commune est à l'origine du nom de la petite chaloupe.

© D. Ledan - PNR Golfe du Morbihan

VERS LES RIVES DE LA RIVIÈRE DE VANNES

4 À l'intersection avec la rue Cadouarn, remontez celle-ci à gauche. Vous traversez un ancien village de pêcheurs. À 100 m, bifurquez à gauche dans la petite rue des Algues. À l'intersection avec la rue de Ranquin, prenez à gauche et à 50 m, bifurquez à droite dans le chemin de Kerdavid.

5 Dans le hameau, au carrefour, empruntez le chemin d'exploitation à gauche. À la rue des Vanneaux, continuez à droite. À 50 m, poursuivez par le chemin d'exploitation à gauche. Continuez ce chemin principal jusqu'à une intersection. Prenez à droite et encore à droite à la route pour rejoindre le parking.

INFORMATIONS PRATIQUES

Accès : de Vannes, rejoignez Séné au sud (à 6 km). À Séné, suivez la direction Port-Anna. Avant le bout de la presqu'île, prenez à droite la direction Barrarac'h (embarcadère pour l'île d'Arz). Garez-vous au parking de Barrarac'h. Passeur (en saison) entre Conleau à Vannes et Barrarac'h à Séné, tél. 06 12 43 79 63.
À faire : balade à bord d'un Sinagot, sortie à la journée, contact : association « Les Amis du Sinagot », tél. : 06 14 93 04 69.
Restauration : dégustation d'huîtres à Badel (sur le circuit).

LES RIVES DE VANNES

8,5 KM

BALADE 14

ASSEZ FACILE

2 H 45

JAUNE

Aux portes de Vannes, la presqu'île de Conleau est une destination de balade à elle seule. Ce circuit associe la découverte de ce site privilégié et celle des remarquables espaces naturels voisins qui s'étendent des rives du Vincin jusqu'à la pointe des Émigrés.

Conleau.

VERS LES RIVES DU VINCIN

À la sortie du parking, prenez le chemin des Salines à gauche juste avant la rue du Maréchal-Juin. Vous rejoignez le goudron, continuez en face légèrement sur la gauche. Poursuivez le chemin qui traverse l'espace naturel protégé de la pointe des Émigrés. Délaissez les sentiers qui partent sur la gauche. Au bout du chemin, suivez à droite l'allée du Sous-Lieutenant-Maisonneuve. Vous débouchez sur l'avenue du Maréchal-Juin.

1 Longez l'avenue à gauche et à 50 m, prenez à droite la rue du Docteur-Schweitzer. Au bout, poursuivez à droite par la rue Raoul-Follereau. Dans le virage, continuez tout droit par le chemin gravillonné. Vous contournez une école et rejoignez la rue Jacques-Cassard. Descendez-la à droite vers la rue Jean-François-de-Surville. Prenez celle-ci à gauche sur quelques dizaines de mètres et bifurquez à gauche dans le chemin des Aubépines.

2 Au bout, traversez la rue Ty-Coët. Continuez en face. À l'intersection, prenez à droite, puis à gauche. Passez un carrefour de chemins et à la nouvelle intersection, descendez à gauche vers les rives de la rivière du Vincin.

3 Suivez le rivage par la gauche. Vous passez à proximité d'un observatoire. De nombreuses espèces d'oiseaux migrateurs viennent hiverner sur le site. Continuez le long du rivage jusqu'à l'entrée de la presqu'île de Conleau.

LE TOUR DE LA PRESQU'ÎLE DE CONLEAU

4 Traversez la digue en longeant le parking. Au bout, retraversez l'avenue et

empruntez le sentier qui s'enfonce dans le bois de pins pour faire le tour de l'île par la droite. Vous passez le long de la piscine d'eau de mer, puis au niveau de l'embarcadère pour les îles. Vous bénéficiez d'une belle vue sur la presqu'île de Séné et le goulet de Port-Anna. Vous rejoignez la digue. Au bout, continuez le sentier (la promenade Paul-Chapel) jusqu'à un chantier naval.

5 Après le chantier naval, rejoignez le parking à gauche et poursuivez par un petit sentier. Vous passez à nouveau devant un observatoire. Plus loin, longez le grillage du parc Chorus et retrouvez le parking.

UN ESPACE PROTÉGÉ

L'urbanisation autour de la ville de Vannes a créé progressivement une zone de déprise agricole. De fait, quelques dizaines d'années plus tard, le territoire qui s'étend entre la pointe des Émigrés et les rives du Vincin a retrouvé son aspect naturel d'origine, constitué de différents milieux (marais, prés salés, landes, pinèdes). L'agriculture n'a cependant pas complètement disparu, il y a aussi des prairies pâturées. Depuis 1986, cette zone a été classée « espace naturel protégé », dont la gestion est confiée au Conservatoire du Littoral.

Les landes du Vincin.

CONLEAU, LIEU DE VILLÉGIATURE

Conleau était une île jusqu'en 1879, date à laquelle fut construite la digue-route qui la relie désormais au continent. Conleau devint alors une petite station balnéaire très prisée. On y bâtit un hôtel, un restaurant-casino, une piscine d'eau de mer équipée de cabines de bains, le symbole des stations en vogue. De belles villas, type chalet suisse, furent construites et un projet de tramway reliant l'île à Vannes fut sérieusement envisagé. La petite île demeure aujourd'hui un agréable lieu de villégiature.

© OT Vannes

INFORMATIONS PRATIQUES

Accès : de Vannes, de la place Gambetta, empruntez la rue de Lattre-de-Tassigny. Poursuivez en direction de Conleau. Au rond-point du Raker, prenez à gauche et garez-vous tout de suite à gauche sur le parking.
Restauration : café et restaurant sur la presqu'île de Conleau.
Divers : la Maison de la nature (située rue des Salines, à proximité du circuit) propose des activités naturalistes pour les groupes, sur réservation, tél. : 02 97 62 59 15.
À visiter à proximité : le jardin aux Papillons, parc du Golfe, tél. : 02 97 40 67 40 – l'aquarium de Vannes, tél. : 02 97 40 22 08.

LE CENTRE HISTORIQUE DE VANNES

2 KM

BALADE 15

FACILE

1 H 30

Vannes est une Ville d'Art et d'Histoire qui recèle un patrimoine historique et bâti pléthorique. Ce circuit mène sur les sites incontournables. Le visiteur peut se laisser guider par sa curiosité pour dénicher d'autres trésors.

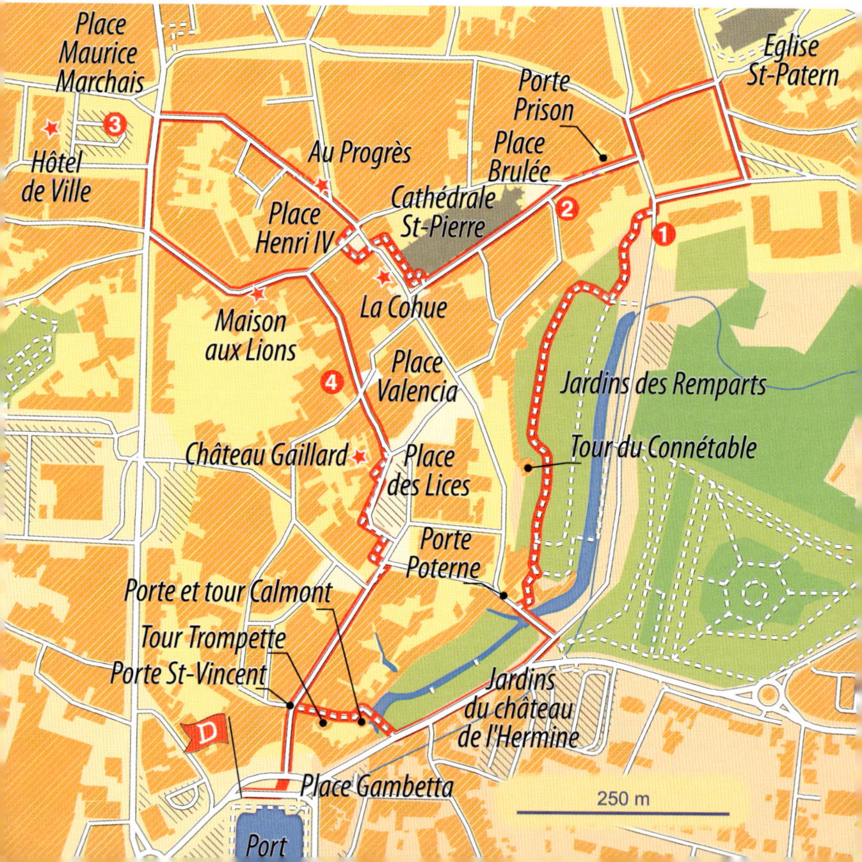

e port de Vannes.

ES FORTIFICATIONS ET E QUARTIER SAINT-PATERN

Du parking, rejoignez la place Gambetta. ntrez dans Vannes intra-muros par la porte aint-Vincent et prenez immédiatement à roite la venelle de la Tour-Trompette. Vous assez la porte Calmont et rejoignez la rue lexandre-Le-Pontois. Longez-la à gauche n surplomb des jardins du château de Hermine. Poursuivez jusqu'au pont de a porte Poterne. Empruntez-le et avant a porte, descendez les escaliers à droite ui mènent aux jardins des Remparts. 'ous passez près des lavoirs alimentés ar la Marle. Vous rejoignez la tour du 'onnétable du nom du connétable Arthur e Richemond.

1 Au bout, traversez le carrefour et prenez en face la rue Alain-le-Grand. Face à l'imposante préfecture, vous remarquerez à gauche le bâtiment en brique avec une armature en fonte, caractéristique de l'architecture Baltard. Juste après, place du Général-De-Gaulle, tournez à gauche dans la rue du Maréchal-Leclerc. Continuez jusqu'à l'église Saint-Patern, du nom du premier évêque de Vannes, qui abrite de nombreux retables. Prenez à gauche la rue Saint-Nicolas, vous découvrez plusieurs maisons anciennes à colombages. Au bout, bifurquez à gauche et empruntez tout de suite à droite la porte Prison. Ce fut un lieu d'enfermement à la fin du XVIIIe siècle.

À TRAVERS LE QUARTIER MÉDIÉVAL

2 Place Brûlée, au dos de la cathédrale Saint-Pierre, continuez à gauche par la rue Saint-Guenhaël et bifurquez à droite. Face au porche de la cathédrale, se trouve l'entrée du musée des Beaux-Arts, « La Cohue ».

Continuez jusqu'à la petite place Henri-I' entourée de maisons à pans de bois Poursuivez en face, rue Émile-Burgault Vous atteignez l'immeuble commercia caractéristique du début du XXe siècle *Au Progrès*, longez-le à gauche. Ouvre l'œil, vous apercevrez ce qui reste de l

LES REMPARTS

Les premières fortifications ont été érigées à l'époque gallo-romaine. Ils ont été agrandis aux XIVe et XVe siècles par les ducs de Bretagne. La muraille fut à nouveau renforcée au XVIe siècle durant les guerres de la Ligue. Les remparts ont pourtant failli disparaître ! Louis XIV, qui avait besoin d'argent pour financer ses guerres, commença à les vendre morceau par morceau. Au XIXe siècle, la démolition se poursuivit, avant que des mesures de protection fussent enfin mises en œuvre. Aujourd'hui, la ville peut s'enorgueillir d'avoir préservé plus des trois quarts de ce patrimoine.

porte Sainte-Anne et du bastion associé, détruit lors du percement de la rue Émile-Burgault. Poursuivez jusqu'à la place Maurice-Marchais.

3 Vous débouchez face au prestigieux bâtiment de l'hôtel de ville, descendez la rue Thiers à gauche. Tournez dans la première rue à gauche, la rue Thomas-de-Closmadeuc, continuez par la rue Saint-Salomon dans le prolongement. Remarquez notamment la façade du n° 13, la « Maison aux Lions ». À l'intersection, continuez à droite dans la rue des Halles.

4 Place Valencia, vous découvrez « La Maison de Vannes et sa femme ». Sculptés à l'angle d'une maison du XVIe siècle, deux personnages de granit amputés de leurs mains, servaient sans doute d'ancienne enseigne. En face, à l'angle de la rue Noë, se trouve le château Gaillard qui accueille le musée d'Histoire et d'Archéologie. Vous atteignez ensuite la place des Lices où se déroulaient les joutes et les tournois organisés par le duc de Bretagne. Continuez la rue Saint-Vincent dans le prolongement pour rejoindre la place Gambetta.

© OT Vannes

La maison de Vannes et sa femme.

LA CATHÉDRALE SAINT-PIERRE

L'édifice, qui possède le titre de basilique, a été reconstruit au XIIe siècle sur un des sites les plus hauts de la ville. Elle montre une grande diversité de styles héritée de huit siècles d'histoire. La tour du clocher est la partie la plus ancienne, mais la chapelle du Saint-Sacrement, de style Renaissance constitue l'un des éléments les plus remarquables. Cette rotonde abrite le tombeau de saint Vincent Ferrier, moine dominicain, saint patron de la ville.

INFORMATIONS PRATIQUES

Accès : à Vannes, garez-vous sur le parking du port et rejoignez la place Gambetta, point de départ de la balade. Parking gratuit au parc du Golfe (fléchage), navette-bus vers la ville.

Hébergements et restauration : Golfe du Morbihan Vannes Tourisme, tél. : 02 97 47 24 34.

Visite : toute l'année le service du patrimoine de la ville de Vannes propose des visites thématiques, tél. : 02 97 01 64 00.

LA TOUR DU CONNÉTABLE

La tour qui domine les jardins des remparts attire l'attention. Intégrée dans la muraille, elle fut reconstruite au XVe siècle, c'est la plus haute tour des fortifications, elle comprend cinq niveaux. Elle doit son nom au connétable Arthur de Richemont, duc de Bretagne qui y résida. Au XVIIe siècle, elle servit de prison. Aujourd'hui, la tour est ouverte au public, son entrée est située côté ville.

La tour du Connétable.

LA COHUE

La cohue signifie « marché » en breton, les anciennes halles furent édifiées au XIIe siècle. Le marché avait lieu au rez-de-chaussée, l'étage accueillait la cour de justice ducale à la fin du Moyen Âge. Au XVIIe siècle, suite à l'exil des parlementaires bretons, ordonné par Louis XIV, la salle haute de la Cohue devint le siège du Parlement de Bretagne. Au XIXe siècle, elle accueillit le théâtre municipal. Depuis 1986, la Cohue abrite le musée des Beaux-Arts.

Place Saint-Pierre.

HISTOIRE... D'UN NOM !

Il y a un peu plus de deux mille ans, avant d'être écrasé par Jules César, le puissant peuple gaulois, les Vénètes, s'était implanté sur cette côte sud de la Bretagne. Les romains fondèrent la première cité, Darioritum, mais ce sont les Vénètes qui sont à l'origine du nom actuel, la cité se nommant Venetis à la chute de l'empire romain.

LE CIRCUIT DES SOURCES À MEUCON

8,5 KM

BALADE 16

MOYEN | 2 H 45 | JAUNE

Cette balade aux « Pays des sources » mène vers différents sites (ruisseaux, fontaines, lavoirs, ouvrages liés au captage et au transport de l'eau potable), qui valent ce surnom à la commune de Meucon. Le promeneur découvrira aussi une flore et une faune qui profitent de cet environnement privilégié.

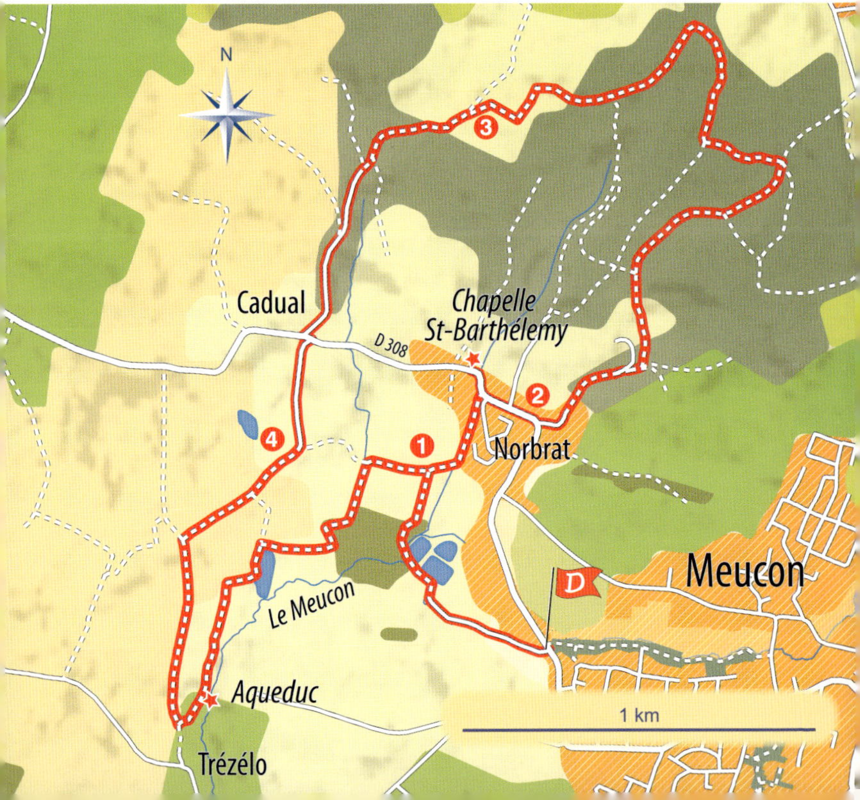

Fontaine à Meucon.

LA CHAPELLE SAINT-BARTHÉLEMY

Saint Barthélémy aurait évangélisé l'Arabie, la Mésopotamie avant de subir le martyre, écorché vif en Arménie. Ce destin lui vaut d'être le saint patron des bouchers et des tanneurs ! La chapelle, elle aussi a connu de gros sévices. À la fin de la Seconde Guerre mondiale, avant de fuir, les Allemands, installés au camp de Meucon, proche du site, ont fait exploser leurs munitions. La chapelle s'est en partie effondrée. Elle a été restaurée en ne gardant que ce qui pouvait l'être, d'où sa petite taille. À voir à proximité : une stèle gauloise, un lavoir, une fontaine et un four à pain.

VERS LES HAUTEURS BOISÉES DE MEUCON

Du parking, empruntez le chemin le long du ruisseau. Poursuivez jusqu'à la station d'épuration et les lagunes.

1 À l'intersection de chemins, vous pouvez suivre le circuit court (4 km) en prenant le chemin à gauche, poursuivez alors jusqu'au point 4. Pour le circuit long (8 km), engagez-vous à droite dans le chemin creux qui passe derrière un lotissement. Vous rejoignez la départementale. Faites un aller-retour à gauche jusqu'à la chapelle Saint-Barthélemy située à 100 m. Revenez sur vos pas et poursuivez le long de la D308. Traversez le village de Norbrat.

2 Dans le virage, empruntez la petite route qui part à gauche du lavoir. Poursuivez par le chemin dans le prolongement qui monte dans le bois. À la première intersection, obliquez à gauche. Laissez une entrée de propriété à gauche. Continuez de monter et à la nouvelle intersection, bifurquez encore à gauche par un sentier pierreux. Poursuivez ensuite à droite en sous-bois. Montez jusqu'à la lisière du bois, où vous profitez d'un beau point de vue.

VERS L'AQUEDUC, À TRAVERS LA CAMPAGNE

3 Engagez-vous à gauche et redescendez à travers bois. Vous passez à proximité d'un point de captage d'eau. Poursuivez la descente jusqu'au village de Cadual. À la route, vous pouvez faire un aller-retour sur 30 m à droite pour voir un puits. Revenez au carrefour, traversez et continuez en face au pignon de la maison.

4 À l'intersection, prenez le chemin de terre à droite. Poursuivez tout droit au milieu des champs. Au niveau d'un bosquet d'arbres, engagez-vous à gauche dans le

Chemin creux à Meucon.

chemin creux. Au bout, bifurquez à gauche avant de rejoindre le village de Trézélo. Vous passez sous l'aqueduc. Le sentier monte et débouche à l'entrée d'un champ. Longez-le par la droite. À l'intersection suivante, bifurquez à droite. Vous retrouvez l'itinéraire emprunté à l'aller, reprenez à droite vers le point de départ.

L'AQUEDUC DE GUERN

On dit que Meucon est le château d'eau de la ville de Vannes. Meucon est effectivement un pays de sources dont la qualité des eaux est réputée. L'aqueduc, de 100 m de long et de 8 m de haut, enjambe le ruisseau du Guern. Il a été construit au début du xxe siècle, l'implantation de deux nouvelles casernes à Vannes augmentant les besoins en eau pour la population, mais aussi pour les chevaux.

© Claire Boichard

INFORMATIONS PRATIQUES

Accès : de Vannes, prenez vers le nord la D767 en direction de Locminé. Prenez la sortie Meucon, poursuivez sur la D308 à gauche jusqu'à Saint-Avé. Au rond-point, continuez à gauche vers Meucon. À Meucon, continuez tout droit direction Grand-Champ. 300 m après la sortie de Meucon, garez-vous à gauche sur le parking « Sources et aqueduc ».
Restauration : plusieurs restaurants à Meucon dont un restaurant labellisé « Restaurant du terroir », *Le Tournesol*, tél. : 02 97 44 50 50.
Hébergements : Golfe du Morbihan Vannes Tourisme, tél. : 02 97 47 24 34.

SAINT-AVÉ - LE CIRCUIT DU CAMP DE CÉSAR

9 KM

BALADE 17

MOYEN

3 H 30

JAUNE

Ce circuit, qui alterne montées et descentes à travers les landes et les bois, vous mène vers « les hauteurs du golfe ». Le mystère du camp du César rajoute à l'intérêt de cette balade « très nature » aux portes de l'agglomération vannetaise.

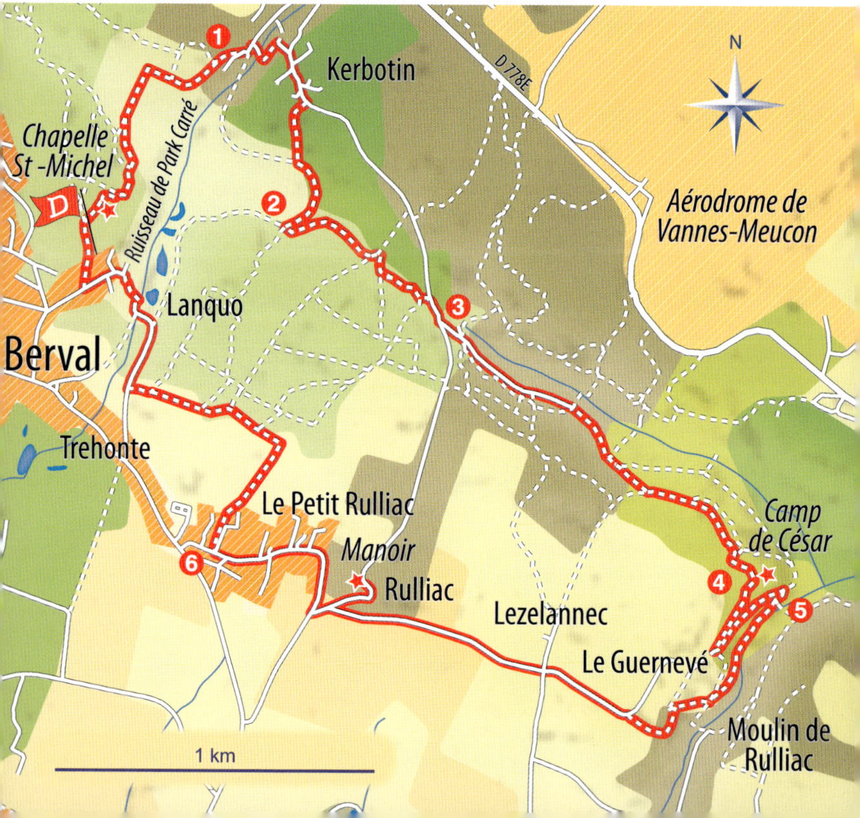

Sur le circuit du Camp de César.

PAR MONTS ET PAR VAUX

Du parking, empruntez l'allée vers la chapelle. Contournez-la et enfoncez-vous en sous-bois par le sentier qui part dans l'angle de la prairie. Poursuivez toujours par le chemin principal à travers la lande.

1 À la station de pompage, descendez la route à gauche. Prenez tout de suite à droite la passerelle sur le ruisseau de Parcarré. Tournez ensuite à gauche en contrebas des maisons. Vous rejoignez une impasse. À la route, prenez à droite. Traversez le village de Kerbotin. Après la dernière maison, engagez-vous dans le sentier à droite. Continuez de descendre le chemin creux. En bas, empruntez l'ancienne voie ferrée à gauche.

2 À la croisée des chemins, prenez celui qui monte à gauche. Longez ensuite un muret de pierre. À l'intersection suivante, continuez tout droit en lisière de bois puis descendez à gauche pour rejoindre la route.

3 Traversez-la et poursuivez en face. La route se prolonge par un chemin caillouteux. À la station de pompage, continuez tout droit. En haut de la montée, dans le virage, quittez le chemin principal et suivez la sente à gauche à flanc de colline.

4 Vous rejoignez le Camp de César. Faites un aller-retour à gauche sur 50 m, pour profiter du point de vue sur le golfe. Au retour, reprenez le sentier. Restez sur le sentier de gauche jusqu'en bas de la pente.

DE VILLAGE EN VILLAGE À TRAVERS LA CAMPAGNE DE SAINT-AVÉ

5 Tournez à droite et longez le ruisseau. À l'intersection, obliquez à droite dans un chemin creux puis continuez sur la route. Traversez le village de Lézelannec. Continuez la route jusqu'à Rulliac. Au hameau, faites un détour à droite jusqu'à l'entrée du manoir. Au carrefour suivant, continuez à droite vers le village du Petit Rulliac.

6 Au village, à l'angle de la rue Louis-Guilloux, prenez le chemin à droite entre les maisons. En haut, le chemin tourne vers la gauche et passe en lisière de bois. Traversez la lande. À la route, tournez à droite et poursuivez jusqu'au Lanquo. Engagez-vous à droite derrière la dernière maison et grimpez ensuite sur la gauche pour rejoindre la rue Saint-Michel. Empruntez-la et prenez à droite à 100 m pour rejoindre le parking.

Village de Saint-Avé.

L'ARCHANGE SAINT MICHEL

La chapelle Saint-Michel (XVIe siècle) est implantée sur une petite colline à 125 m d'altitude, offrant une belle vue sur le golfe du Morbihan. Comme la plupart des sanctuaires dédiés à saint Michel, celui-ci est situé en hauteur. Ce constat, très souvent vérifié, a pour origine l'explication suivante : ***L'archange Saint-Michel a pour mission d'aider les mourants, en arrachant leur âme aux griffes du démon et de la conduire à la vie éternelle.*** **La distance de la terre au ciel étant réduite, sa mission s'en trouve facilitée.**

Chapelle Saint-Anne.

LE CAMP DE CÉSAR

Le site fut peut-être occupé dès l'âge du fer. Il semble par contre certain qu'à l'époque romaine, un oppidum aurait été érigé au sommet de cet escarpement rocheux qui offrait une situation stratégique pour défendre l'accès à la cité des Vénètes, Darioritum (Vannes). La place forte était protégée par des remparts doublés de fossés taillés dans la roche. Un œil averti peut encore en discerner les vestiges. C'est au cœur d'une polémique entre archéologues, sur les diverses occupations du lieu, que le site qui s'appelait préalablement Castel Ker Nevé fut rebaptisé, au XIXe siècle, Camp de César.

Vue du Camp de César.

© Claire Boichard

INFORMATIONS PRATIQUES

Accès : de Vannes, prenez vers le nord la D767 en direction de Locminé. Prenez la sortie Meucon, poursuivez la D308 à gauche jusqu'à Saint-Avé. Au rond-point, continuez à droite et à 300 m, tournez à gauche dans la rue Saint-Michel et suivez la direction de la chapelle Saint-Michel. Garez-vous sur le parking avant la chapelle.
Restauration : plusieurs restaurants à Saint-Avé.
Hébergements : Golfe du Morbihan Vannes Tourisme, tél. : 02 97 47 24 34.

AU PAYS DES MOULINS À SAINT-NOLFF

7,5 KM

BALADE 18

ASSEZ FACILE

2 H 15

JAUNE

Au départ du bourg de Saint-Nolff, ce circuit, d'abord en sous-bois, le long du ruisseau du Condat, prend ensuite de la hauteur, offrant de beaux panoramas sur le golfe. Le sentier redescend ensuite dans la vallée par de beaux chemins creux bordés de murets en pierre sèche.

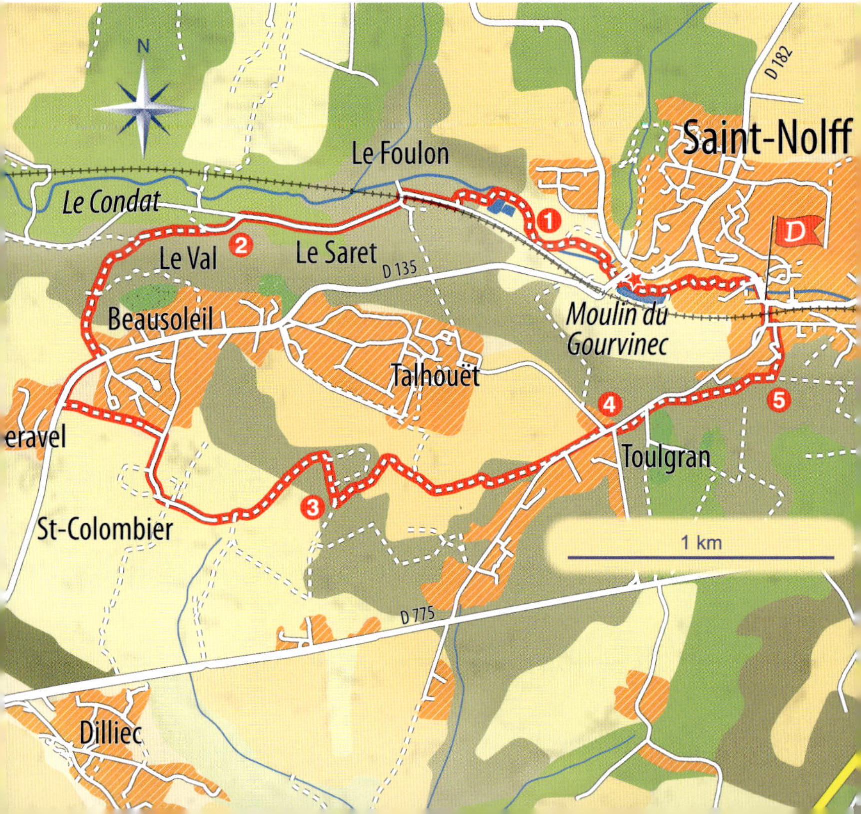

© D. Ledan - PNR Golfe du Morbihan

Chapelle Saint-Colomban.

LE MOULIN DE GOURVINEC

Le moulin de Gourvinec fut l'un des moulins à blé importants de la région. Au début du XXe siècle, ses trois roues entraînaient quatre paires de meules. Il fut ensuite transformé en scierie. Ce moulin dépendait à l'origine d'une seigneurie puissante, ce qui lui vaut le remarquable colombier de trois rangées de boulins (nichoirs) en façade. L'importance du colombier était proportionnelle à la richesse du propriétaire. Le moulin est désormais propriété de la commune.

© Claire Boichard

DE LA VALLÉE DU CONDAT AUX HAUTEURS DE SAINT-NOLFF

Du parking, rejoignez la mairie, longez la rivière du Condat. Longez l'étang, traversez la route et passez devant le moulin de Gourvinec (la roue à eau est à l'arrière). Poursuivez par l'allée. Contournez l'espace animalier par la droite et franchissez la rivière par trois ponts successifs (une variante de 1.5 km est accessible en poussette : faites le tour de l'espace animalier et revenez vers le four à pain. Retraversez la route devant le moulin et contournez le plan d'eau par la droite pour revenir vers l'église).

1 Au troisième pont, tournez à droite (par temps humide, vous pouvez emprunter le chemin en face). Contournez l'ancien lagunage, traversez le petit bois et rejoignez la route. Longez la voie de chemin de fer à droite. Empruntez le passage à niveau et continuez la route jusqu'au panneau « Le Val ».

2 Montez la route à gauche et avant les premières maisons, poursuivez tout droit par le chemin et gagnez le sous-bois. Vous débouchez à Beausoleil, longez la route à droite sur 200 m. Traversez et prenez à gauche le « chemin de Vannes ». À la rue, poursuivez en face jusqu'à l'intersection et tournez à droite vers le village de Saint-Colombier. Passez le village et continuez tout droit par « le chemin de 6 heures ». À l'intersection, empruntez le chemin forestier à gauche.

© D. Ledan - PNR Golfe du Morbihan

Au pays des moulins.

LA CHAPELLE SAINTE-ANNE

Édifiée par la volonté du seigneur de Gourvinec, à la fin du XVe siècle, postérieurement à la construction de l'église Saint-Mayeul voisine, cette belle chapelle est considérée comme une « construction de prestige » permettant au seigneur d'asseoir sa préséance dans la paroisse. L'église était alors suffisamment grande pour accueillir les fidèles. Il est à noter le grand nombre de fenêtres pour ce petit édifice.

© Mairie de Saint-Nolff

SUR LA CRÊTE BOISÉE

3 À la patte-d'oie, poursuivez à gauche en longeant un muret de pierre. À 300 m environ, franchissez le muret, puis suivez le sentier à droite jusqu'à la route. Longez le sentier parallèle à la route, en bordure de champ. Vous passez devant une croix.

4 Au bout du champ, traversez le carrefour de Toulgran pour prendre le sentier qui descend, en face, à gauche en sous-bois parallèlement à la route. Laissez un sentier à droite, continuez de descendre tout droit.

5 À la croix, suivez le petit chemin creux qui descend à gauche. Laissez le bois à droite. Vous rejoignez un lotissement, poursuivez par la rue en face et continuez à gauche au stop jusqu'à la route principale. Prenez à droite, passez la voie de chemin de fer et rejoignez l'église.

INFORMATIONS PRATIQUES

Accès : de Vannes, sur la N166 en direction de Ploërmel, prenez la sortie Saint-Nolff. Passez sur la 4 voies et prenez la D766a puis la D135 jusqu'à Saint-Nolff. Garez-vous sur le parking de l'église.
Restauration : plusieurs restaurants au bourg de Saint-Nolff.
Hébergements : Golfe du Morbihan Vannes Tourisme, tél. : 02 97 47 24 34.
À visiter : le parc « Le grand Courtil » (parc forestier et botanique), à Saint Nolff, tél. : 02 97 45 54 76 ; le jardin Caradec (parc paysager) à Saint-Nolff, tél. : 02 97 53 37 93.

BALADE 19

LE CIRCUIT DE LA RÉSERVE NATURELLE À SÉNÉ

8 KM

FACILE

2 H 30

VERT

Si le golfe du Morbihan présente une nature préservée, il le doit à l'initiative de ceux qui ont su préserver et « sanctuariser » quelques sites remarquables, comme les anciens marais salants de Séné. Cette balade remémore toute une période de l'histoire du golfe du Morbihan.

Village de Michotte.

LA RÉSERVE NATURELLE

La réserve naturelle des marais de Séné couvre quelque 530 ha, elle est composée de milieux variés : vasières, prés salés, prairies et marais salants. Les marais salants furent créés en 1750 par les chanoines du chapitre de la cathédrale de Vannes. L'exploitation des salines sera florissante au XIXe siècle, elle sera ensuite progressivement abandonnée. Le dernier paludier cessa son activité au milieu du siècle dernier. Ces marais sont désormais devenus l'une des plus importantes réserves ornithologiques de Bretagne. On y repère nombre d'oiseaux rares en Europe, dont l'échasse blanche qu'on retrouve sur le blason de la commune de Séné.

EN LONGEANT LE MARAIS DE SÉNÉ

Du parking, rejoignez la route de Brouel, empruntez-la à gauche. À 500 m, bifurquez dans le chemin à droite. À l'entrée du village Falguérec, tournez à droite, traversez le village et empruntez le chemin d'exploitation dans le prolongement. Au lieu-dit Goh Feten, continuez tout droit par la route.

1 Traversez le village des Quatre-Vents et à la fourche, prenez à gauche et encore à gauche, à quelques dizaines de mètres, dans la rue Jacques-Cartier. Dans le virage, continuez tout droit par le chemin d'exploitation. À 200 m à l'intersection, bifurquez à gauche.

Accueil de la réserve naturelle.

L'ancien poste de garde.

2 Avant de rejoindre la route, empruntez à droite le chemin parallèle qui vous ramène sur celle-ci. Traversez, et prenez le chemin d'exploitation en face. Au carrefour, continuez à gauche. Au carrefour suivant, à proximité des serres, poursuivez à droite. À l'intersection suivante, prenez à droite et continuez immédiatement par le chemin qui part légèrement sur la gauche.

À TRAVERS UNE CAMPAGNE PRÉSERVÉE

3 Vous retrouvez rapidement un nouveau carrefour, partez à gauche entre les cultures jusqu'au village de Cressignan. À la route, tournez à gauche et à la place, continuez à droite jusqu'à une autre route. Traversez et continuez en face. Vous rejoignez le village de Michotte, un ancien village de paludiers.

4 Dans le village, tournez à gauche dans la petite rue du Clos-Catic. Poursuivez en face entre deux maisons et continuez à droite par le chemin d'exploitation. Vous rejoignez une route, longez-la à droite sur quelques mètres et empruntez le chemin sur la gauche.

5 Au carrefour, bifurquez à droite. Passez un premier carrefour de chemins. Au second, tournez à droite jusqu'à la route. Traversez, prenez l'allée de gauche. Vous rejoignez la route de Brouel. Reprenez-la à droite pour rejoindre le point de départ.

LE CHOU DE SÉNÉ

Autrefois, les habitants de Séné étaient marins ou agriculteurs, et souvent les deux. Une des cultures principales sur la commune fut jusque dans les années 1950, la culture du chou de pomme, dit « chou de Séné ». Une grande partie de la production était alors acheminée vers l'Alsace. Le chou de Séné avait les qualités requises pour la fabrication de la choucroute.

INFORMATIONS PRATIQUES

Accès : de Vannes, rejoignez Séné au sud (à 6 km). À Séné, suivez les panneaux « Réserve naturelle ». Garez-vous sur le parking du Centre nature de la réserve.
À visiter : Centre nature de la réserve naturelle (expositions, visites guidées), tél. : 02 97 66 92 76.
Divers : aire de pique-nique au départ du circuit, prêt de jumelles et boutique avec des ouvrages sur la nature au Centre nature, l'accès au site est interdit aux chiens.
Accessibilité : une partie du site est accessible aux personnes en fauteuil roulant.

BALADE 20

LE HÉZO - LE CIRCUIT DES FONTAINES

4 KM

FACILE

1 H 30

Entre Pays de Vannes et presqu'île de Rhuys, cette balade vous conduit autour du village du Hézo, situé sur une des nombreuses petites presqu'îles que compte le golfe du Morbihan. Un circuit sans difficulté, aux ambiances caractéristiques du fond de golfe.

Bras de mer au Hézo.

LES FONTAINES

La commune du Hézo compte de nombreuses fontaines. Dans le bourg, on peut en découvrir deux. La fontaine Saint-Vincent est coiffée d'une toiture pyramidale surmontée d'une croix. Une niche accueille une statue de saint Vincent, patron des vignerons (également patron de la commune), qui rappelle que la commune était plantée de vignes jusqu'au XVIIIe siècle. La fontaine du Clos-Forne, dite fontaine du bas du bourg, datée de 1877, présente certaines similitudes avec la précédente, notamment la croix, au sommet du toit, qui témoigne d'une ancienne tradition consistant à ériger des fontaines publiques consacrées.

Fontaine Saint-Vincent.

DE POINTE EN POINTE, VUES SUR LE MARAIS DE SÉNÉ

Dos à la mairie, empruntez la rue Saint-Vincent à droite, passer devant la fontaine Saint-Vincent située à quelques dizaines de mètres sur la gauche. Continuez une centaine de mètres et obliquez à gauche dans la rue des Barbichons. (1) Juste avant le pont, prenez le sentier côtier à gauche et suivez-le jusqu'à la pointe de Corn er Vechen. Continuez le sentier, vous passez ensuite à la pointe de la Garenne. Vous bénéficiez d'une vue sur la presqu'île, la rivière de Séné et le passage de Montsarrac. Vous rejoignez ensuite l'impasse de la Garenne qui vous ramène vers le bourg. À la rue Saint-Vincent, tournez à droite vers l'église.

LE MOULIN À MARÉE

Un premier moulin existait déjà au XVe siècle, celui-ci a été reconstruit au XVIIIe, il dépendait alors du prieuré du Hézo. De manière classique, les meules étaient actionnées par la force de la marée montante et descendante, mais celui-ci fonctionnait aussi grâce à une importante réserve d'eau dans le bassin voisin, qui permettait une production quasi continue. Le bâtiment a gardé son authenticité, il est aujourd'hui transformé en maison d'habitation.

© Anne-Marie Videloup

© Anne-Marie Videloup

La digue au Hézo.

LE TOUR DU BOURG PAR L'ÉTANG DU HÉZO

2 À l'église, prenez à droite de l'édifice, l'impasse Inezic et descendez jusqu'au bord de mer. Empruntez le sentier côtier vers la gauche. À la pointe, vous apercevez en face les anciens marais salants de Saint-Armel. Après un bosquet d'arbres, vous rejoignez la départementale. Remarquez sur la droite le moulin à marée. Aujourd'hui propriété privée, le bâtiment a été remanié à plusieurs reprises depuis sa construction vers le XVIe siècle. Il possédait deux roues extérieures et a fonctionné jusqu'à la Seconde Guerre mondiale.

3 Suivez la route à gauche vers le bourg. Une cinquantaine de mètres après le cimetière, avant l'église, bifurquez à droite dans la petite rue de Rohic. Empruntez dans le prolongement le chemin creux qui zigzague et amène jusqu'au lotissement du Clos-Forne. À l'entrée du lotissement, vous remarquez sur la droite une autre fontaine. Suivez la rue du Clos-Forne pour rejoindre le point de départ.

INFORMATIONS PRATIQUES

Accès : sur la N165, à la sortie de Vannes, en direction de Nantes, prenez la sortie Presqu'île de Rhuys. Suivez la D780 sur 4 km et au rond-point, prenez à droite vers Le Hézo. Au Hézo, garez-vous à l'entrée du bourg à proximité de la mairie.
Restauration : café-restaurant au bourg du Hézo.
Hébergements : Golfe du Morbihan Vannes Tourisme, tél. : 02 97 47 24 34.
Divers : La Maison du cidre (visite et boutique) au Hézo (route de Lann-Vrihan), tél. : 02 97 26 47 40.

SAINT-ARMEL - DE L'ÎLE TASCON AU PASSAGE

11 KM

BALADE 21

ASSEZ FACILE

3 H 30

À l'entrée de la presqu'île de Rhuys, la discrète île Tascon et la petite presqu'île du Passage offrent un regard singulier sur le golfe du Morbihan. Pendant la balade, vous pourrez vous offrir une dégustation d'huîtres sur le chemin de Poulho, au niveau du Passage.

Vue sur l'île Tascon.

DE SAINT-ARMEL À L'ÎLE TASCON

De l'église, empruntez la route de la Côte en direction de l'école. Passez l'école et au carrefour suivant, tournez à gauche dans la route du Pissac. Continuez tout droit sur 500 m et au stop, empruntez la route à droite.

1 Dans le village de Lasné, au niveau d'une intersection et d'une fontaine située à gauche, enfoncez-vous dans le chemin creux à droite, au dos d'une maison. Après avoir bifurqué sur la gauche, le chemin vous ramène sur la route que vous suivez à droite vers l'île Tascon. Empruntez la chaussée submersible (attention, le passage sur l'île Tascon n'est accessible que deux heures avant et deux heures après la marée basse), continuez tout droit jusqu'à l'extrémité de l'île. Au bout, revenez sur vos pas. Après avoir passé le hameau au centre de l'île, prenez la route à gauche et rejoignez par la droite l'axe principal. Réempruntez la chaussée submersible.

VERS LE MARAIS DE LASNÉ ET LE PASSAGE

2 Au bout, bifurquez à gauche dans le sentier le long du marais. Continuez jusqu'à rejoindre les champs cultivés et poursuivez le sentier côtier. À la route du Passage, longez la chaussée à gauche. Après le

panneau « Le Passage », tournez dans la petite route à droite. Après le virage, suivez le sentier à droite. Vous rejoignez la route au niveau des maisons, continuez tout droit sur le chemin de Poulho jusqu'à la cale (lieu d'embarquement vers Séné).

3 Poursuivez par la route et empruntez ensuite le sentier à droite qui longe l'anse. Vous rejoignez la route. Continuez jusqu'au panneau d'entrée de Saint-Armel. Au carrefour

Fontaine à Lasné.

LES MARAIS DE LASNÉ

Les marais salants de Lasné ont été créés au XVIIe siècle par des paludiers guérandais pour le compte des moines de Saint-Gildas-de-Rhuys. Dans les années 1960, la récolte du sel a été arrêtée. Au début des années 2000, l'activité a été momentanément reprise. Les anciens marais sont aujourd'hui partiellement exploités par des ostréiculteurs. Le site, classé « espace naturel sensible », est devenu un havre pour les oiseaux migrateurs.

© Anne-Marie Videloup

Passage vers l'île Tascon.

suivant, prenez à droite la rue An-Aodeu. Vous rejoignez la route de la Côte, tournez à gauche pour rejoindre le centre-bourg.

INFORMATIONS PRATIQUES

Accès : sur la N165, au niveau de Vannes, prenez la D780 en direction de la presqu'île de Rhuys. Quittez la départementale à Saint-Armel. Garez-vous à proximité de l'église.
Bonnes adresses : *La ferme de l'*île Tascon (viande bovine et légumes), tél. : 02 97 26 42 13 – bar-boulangerie *Au Moulin à café*, à Saint-Armel, tél. : 02 97 26 41 43.
Restauration : crêperie à Saint-Armel.
Hébergements : Golfe du Morbihan Vannes Tourisme, tél. : 02 97 47 24 34.

LE GOCHTIAL

Ce pain-brioche est une spécialité traditionnelle de la presqu'île de Rhuys qui daterait du XIXe siècle. Le mot gochtial vient du breton *gwastel* qui signifie gâteau. Rond, en forme de petite miche, sa croûte marron est brillante, et sa mie, dense et jaune. Le gochtial est devenu la spécialité de la boulangerie *Au Moulin à café* à Saint-Armel, mais il aurait été créé dans la commune voisine, Le Hézo, à l'occasion de la fête de la Saint-Vincent, patron des vignerons, mais aussi patron de la commune.

LE GORVELLO - AU TEMPS DES TEMPLIERS

4,5 KM

BALADE 22

FACILE

1 H 30

JAUNE

De son passé chargé d'histoire depuis l'époque des Templiers, Le Gorvello garde un patrimoine bâti remarquable. Cette balade dans la campagne environnante, sur les communes de Theix et Sulniac, mérite d'être prolongée par la visite du village.

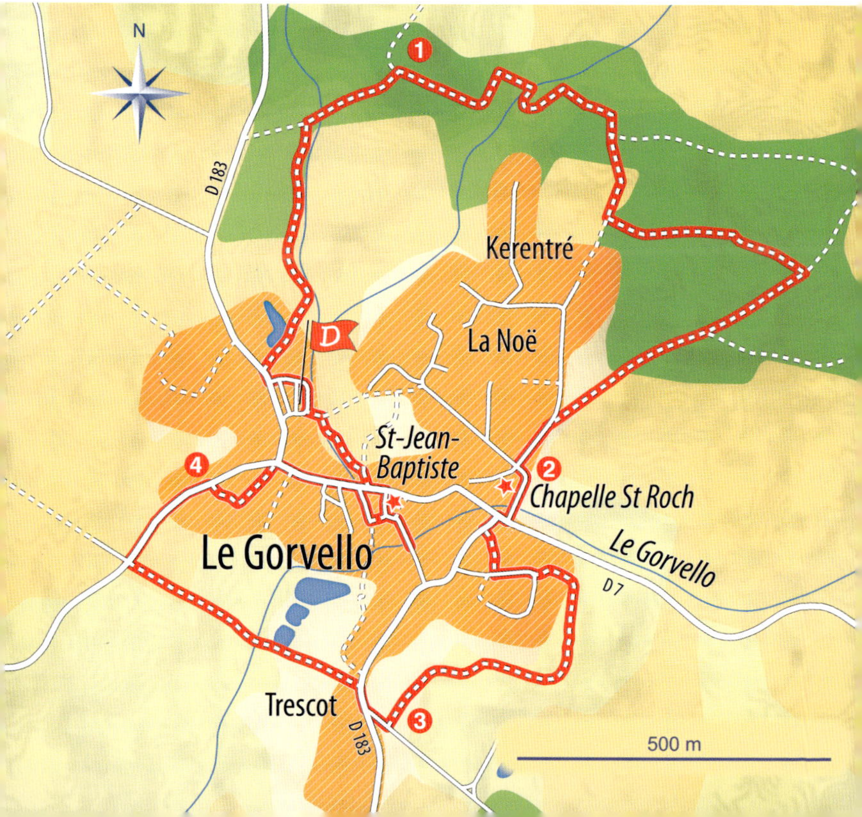

L'église Saint-Jean-Baptiste.

BALADE EN SOUS-BOIS

Remontez le parking et face à l'école, engagez-vous tout de suite à droite dans le chemin « fermé » par une chicane. Poursuivez ce chemin bordé de haies jusqu'à un chemin d'exploitation. Montez celui-ci à droite en sous-bois sur une centaine de mètres jusqu'à un champ.

LES TEMPLIERS

L'ordre des Templiers est une organisation religieuse et militaire créée au début du XIIe siècle, qui avait pour mission de protéger les pèlerins qui affluaient d'Occident pour rejoindre la Terre sainte. L'ordre se nommait à l'époque « les Pauvres Chevaliers du Christ ». De plus en plus de croyants furent attirés par l'ordre qui s'émancipa. Les Templiers construisirent leurs propres églises pour ne pas se mélanger aux autres chrétiens qu'ils considéraient trop modérés. L'église Saint-Jean-Baptiste, au Gorvello, est érigée sur les vestiges de la première chapelle construite par les Templiers de la commanderie de Carentoir en 1160.

Le Gorvello.

① Prenez le chemin de droite vers un bosquet. Franchissez un ruisseau par un pont. Poursuivez sur le chemin principal jusqu'à l'orée du bois. Avant d'entrer dans le village de Kerentré, tournez à gauche dans un petit chemin forestier. Au bout, empruntez à droite l'allée forestière et descendez jusqu'à rejoindre une route que vous continuez de descendre tout droit.

LE TOUR DU GORVELLO

② Au carrefour, poursuivez à gauche du cimetière et de la chapelle Saint-Roch. Au stop, traversez la D7 et prenez tout de suite

LA CIDRERIE-DISTILLERIE DU GORVELLO

L'exploitation agricole est spécialisée dans la culture de pommier à cidre depuis 1984. C'est en 2012 que s'est installé l'atelier de transformation. Les vergers sont « en conversion » à l'agriculture biologique et la cidrerie-distillerie travaille selon les méthodes artisanales. La cidrerie produit du cidre, bien entendu, mais aussi du jus de pomme et un vinaigre ; la distillerie sort un pommeau, une eau-de-vie et un apéritif maison, « le petit Guillevic ». Le maître de chai, Nicolas Poirier, se fait un vrai plaisir de partager sa passion.

© Anne-Marie Videloup

La fontaine Saint-Jean-Baptiste.

à gauche entre l'abribus et la petite maison. Remontez le chemin. En haut, montez la rue à gauche. Dans le virage, traversez le petit parking pour accéder à un sentier. Engagez-vous dans le bois et continuez le chemin à droite jusqu'à la route.

3 À la route, tournez à droite jusqu'au stop. Prenez à droite et à quelques dizaines de mètres, traversez et prenez en face. Poursuivez ensuite par le chemin creux jusqu'à la D7. Longez la départementale à droite vers Le Gorvello.

4 À 100 m, ne ratez pas à droite, au dos d'une maison, le chemin de « brouette », un chemin très étroit qui ramène au cœur du village. Au village, bifurquez à droite. Traversez la petite place à droite devant le café et rejoignez l'église Saint-Jean-Baptiste, poursuivez jusqu'à la fontaine située 30 m derrière l'église. Revenez vers la rue centrale. Reprenez à gauche quelques mètres et juste avant un café, empruntez un chemin à droite qui longe le ruisseau et vous ramène au point de départ.

INFORMATIONS PRATIQUES

Accès : sur la N165 de Vannes en direction de Nantes, prenez la sortie Theix – Sulniac. Traversez Theix et, à la sortie, au rond-point empruntez la D7 vers Le Gorvello. À l'entrée du Gorvello, tournez à gauche direction Sulniac. À 100 m, garez-vous sur le parking à droite.

Bonnes adresses :
Crêperie du Gorvello, tél. : 02 97 43 69 19,
Le Gorvello Café, tél. : 02 97 43 00 71.

Hébergements : Golfe du Morbihan Vannes Tourisme, tél. : 02 97 47 24 34.

À visiter : la cidrerie-distillerie du Gorvello, tél. : 02 97 54 04 11.

ARZON – LE TOUR-DU-PARC

25 KM OU 18 KM

ASSEZ FACILE

6 H
4 H 45

ROUGE ET BLANC

Cette première étape vous mène sur la côte sud de la presqu'île de Rhuys, face à l'océan. Vous profitez de magnifiques panoramas sur la baie de Quiberon et les îles de Houat, Hoëdic et Belle-Île-en-Mer, puis sur la rade de Pénerf et la pointe de Penestin. Cette étape peut être raccourcie en partant de Saint-Gildas-de-Rhuys (18 km).

Du gîte, empruntez la rue des Légions puis le sentier dans le prolongement qui passe à travers la lagune. Vous rejoignez le sentier côtier que vous empruntez par la gauche. Vous longez la plage de Kerver. Au bout, vous passez près d'un camping. Au niveau de la base nautique, à la pointe du Rohu, longez la route jusqu'au carrefour du village de Kerpont.

Entre Saint-Gildas et Le Tour-du-Parc.

Vue sur le château de Suscinio.

1 Empruntez la route du Pont à droite, et à 200 m, enfoncez-vous encore à droite dans le chemin des Oyats. Au bout, reprenez le sentier, prenez un peu de hauteur, poursuivez jusqu'à la pointe du Grand Mont à Saint-Gildas-de-Rhuys. Redescendez ensuite vers la plage du Port-Maria et rejoignez Port aux Moines.

2 Longez le petit port. Après un bref crochet, vous retrouvez le sentier qui se poursuit de falaises en petites criques. Vous passez près du menhir de la Pierre Jaune (voir la légende sur la page du circuit « Le Grand Mont »). Vous rejoignez la plage et le port de Saint-Jacques. Après la pointe, longez à nouveau la plage, le sentier côtier n'est pas aménagé, à marée haute vous pouvez être amené à faire un court crochet. Vous atteignez la pointe de Beg Lann. Le sentier se poursuit ensuite entre la Grande Plage et le marais de Suscinio.

3 Vous rejoignez un parking. Vous pouvez faire un aller-retour de quelques centaines de mètres pour visiter le château de Suscinio (voir la page du circuit « Autour du château de Suscinio»). Au bout de la plage, au niveau de la chapelle, prenez le temps de faire le tour de la pointe sauvage de Penvins.

Chapelle Notre-Dame-de-la-Côte à la pointe de Penvins.

Le Tour-du-Parc.

4 Longez ensuite la route de la Chapelle sur une centaine de mètres (ou traversez par la plage) et empruntez le chemin du Liorh, puis le chemin de Kroezh-Hient. Après la pointe de Becudo, vous rejoignez le village de Banastère. Continuez tout droit jusqu'à la Maison marine Marie Lefranc, située au bout du village sur la gauche.

INFORMATIONS PRATIQUES

Points de départ de l'étape : Tumiac à Arzon (gîte d'étape du Moulin vert – rue Jules-César) ou Saint-Gildas-de-Rhuys (du centre-bourg, rejoindre Port aux Moines).
Accès aux points de départ :
En voiture : sur la N165, au niveau de Vannes, prenez la D780 en direction de la presqu'île de Rhuys. Poursuivez tout droit jusqu'à Arzon. Après le panneau d'entrée d'Arzon, au giratoire, prenez la direction de Tumiac et à 20 m, au giratoire suivant, empruntez la rue Jules-César jusqu'au gîte.
En transport en commun : gare TGV à Vannes – liaison bus Vannes – Arzon et Vannes – Saint-Gildas-de-Rhuys, Kiceo, tél. : 02 97 01 22 11.
Les hébergements :
À Arzon : gîte d'étape du *Moulin vert* à Tumiac, tél. : 02 97 53 70 05, gîte de Kerdeuzel, tél. : 06 30 15 23 79.
Au Tour-du-Parc : Maison marine Marie Lefranc, tél. : 02 97 67 42 19.
Restauration : bar-brasserie à la pointe de Penvins.
À visiter : le château de Suscinio (visite libre et visite guidée), tél. : 02 97 41 91 91.
Informations touristiques : Golfe du Morbihan Vannes Tourisme, tél. : 02 97 47 24 34.

LE TOUR-DU-PARC - SÉNÉ
21 KM

ASSEZ FACILE

5 H

Cette étape traverse la presqu'île de Rhuys par les chemins et petites routes. La traversée en bateau de Saint-Armel à Séné n'est possible qu'au printemps et en été. Hors de cette période, il est nécessaire d'emprunter un taxi.

De Banastère, rejoignez la départementale, longez-la à droite sur 150 m et tournez à gauche vers la ferme ostréicole. Vous passez entre l'étier et le camping et rejoignez une rue. Empruntez-la à gauche. Vous sortez du village et à la fourche, continuez à gauche rue de Kerboulico. 1 À Kerboulico, à la patte-d'oie, prenez l'allée à droite. Poursuivez jusqu'à la route départementale. Traversez, suivez la piste cyclable qui tourne à droite et se poursuit sur la route en direction de Surzur. Longez

Vue sur la rivière de Pénerf.

N
Séné
Les Astéride
Moustérian
D 199
D 780
Noyalo
D 195
Montsarrac
5
Le Passage
Le Hézo
Surzur
Île Tascon
Saint-Armel
4
D 20
Lasné
D 199
Saint-Colombier
Kerentrec
3
2
Pont Caden
Quintin
D 780
Le Tour-du-Parc
Sarzeau
Balanfournis
D 195
1
D
D 198
D 324
Kerjambet
Banastère
Penvins
1 km

Par le marais de Lasné.

cette route sur 700 m environ. Au niveau de l'antiquité située à droite, empruntez le chemin qui part à gauche. Au bout, poursuivez par la route dans le prolongement.

2 À la départementale, prenez à droite sur quelques dizaines de mètres. Traversez et empruntez la « vieille » route en face. Au bout, longez la route à gauche quelques mètres et tournez à droite en direction de Quintin. Traversez le village. À l'embranchement, continuez à gauche. Vous rejoignez une route, longez-la à droite et à 200 m, bifurquez dans le chemin à droite. Vous retrouvez le goudron, empruntez à gauche le chemin aménagé qui longe la route.

3 À Kerentrec'h, tournez dans la rue des Mimosas à droite. Au bout, avant le rond-point, bifurquez à droite pour emprunter la passerelle qui enjambe la D780. Vous rejoignez une rue, prenez-la à droite. Au rond-point, suivez la direction de Lasné. À la sortie du virage, à l'arrêt de bus, empruntez la route à gauche. Au bout, prenez à gauche en direction du marais de Lasné.

4 Avant la chaussée submersible qui mène à l'île Tascon, bifurquez à droite dans le sentier le long du marais. Continuez

Débarcadère de Séné.

Vue sur le Passage à Saint-Armel.

jusqu'à rejoindre les champs cultivés et poursuivez le sentier côtier. À la route du Passage, longez la chaussée à gauche. Après la digue, empruntez le chemin à gauche. Vous rejoignez la route puis le Passage.

5 Sur l'autre rive, empruntez la route. Au calvaire, suivez la direction Séné-centre. Vous longez la grève. Au bout de la digue, prenez le sentier à gauche dans le bois. Continuez le long de la côte, passez la pointe du Bile. À la plage de Moustérian, remontez la rue à droite. Continuez tout droit pour rejoindre le centre de séjour « Les Astérides ».

INFORMATIONS PRATIQUES

Point de départ de l'étape : Banastère au Tour-du-Parc.
Les hébergements :
Au Tour-du-Parc : Maison marine Marie Lefranc, tél. : 02 97 67 42 19.
À Séné : Golfe du Morbihan Vannes Tourisme, tél. : 02 97 47 24 34.
Restauration : restaurant à Saint-Colombier et à Saint-Armel.
Informations touristiques : Golfe du Morbihan Vannes Tourisme, tél. : 02 97 47 24 34.
Le passage de Saint-Armel à Séné : Le Petit Passeur, tél. : 06 20 23 62 64.

SÉNÉ - VANNES
18 KM

ASSEZ FACILE

4 H 30

ROUGE, ROUGE ET BLANC

Cette étape fait le tour de la presqu'île de Séné avant de rejoindre l'espace protégé de la pointe de Rosvelec. Au terme de l'étape, prenez le temps de découvrir la ville d'art et d'histoire de Vannes (voir la page du circuit « Le centre historique de Vannes »).

Du centre de séjour, rejoignez la plage de Moustérian, empruntez le sentier côtier par la droite. Vous apercevez en face l'île de Boëd, en partie propriété du département du Morbihan. Elle est accessible à pied à marée basse au niveau de l'étang de Cadouarn (attention à la montée de l'eau, et le passage n'est pas balisé).

Vue de Langle.

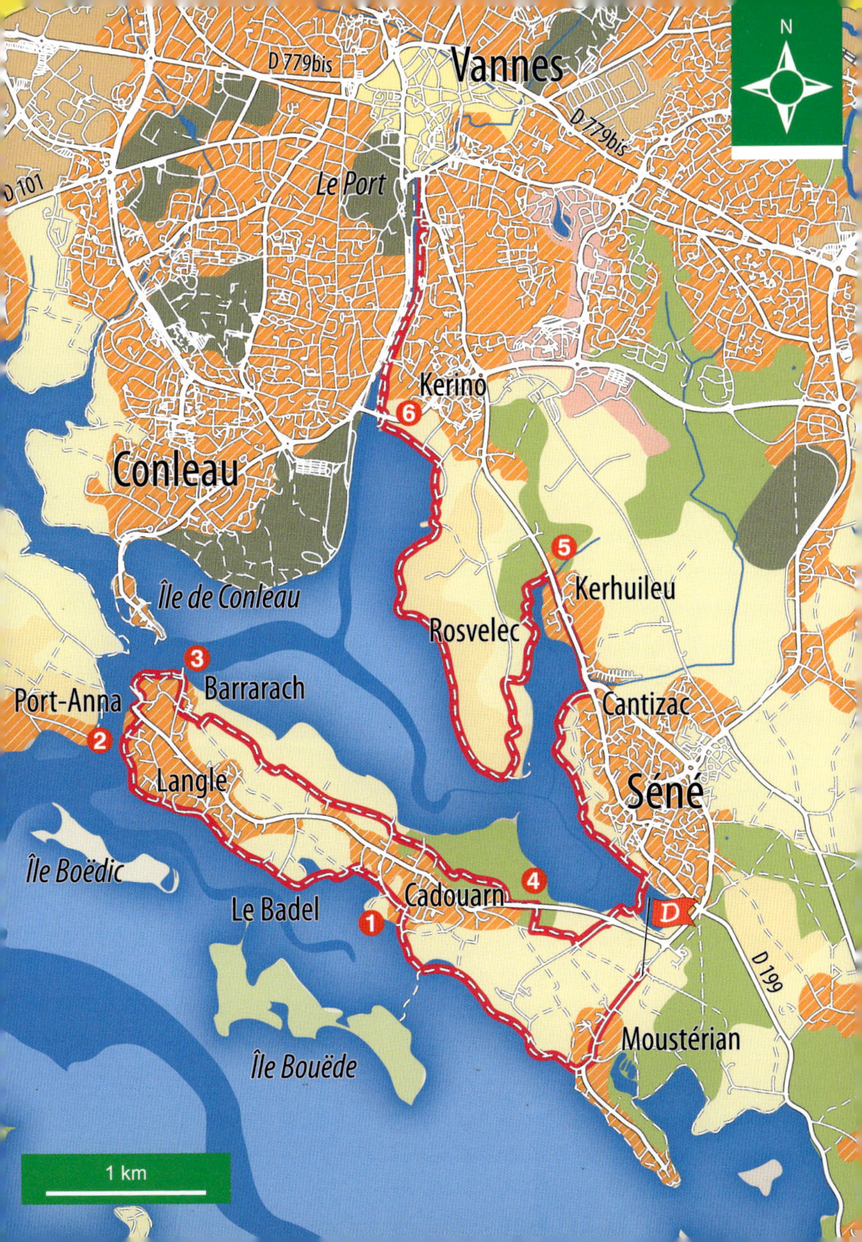
N
Vannes
D 779bis
D 779bis
D 101
Le Port
Kerino
6
Conleau
Île de Conleau
5
Kerhuileu
Rosvelec
3
Barrarach
Port-Anna
2
Cantizac
Langle
Séné
Île Boëdic
4
Cadouarn
Le Badel
1
D
D 199
Moustérian
Île Bouëde
1 km

1 Vous rejoignez le village de Cadouarn, empruntez la rue et tournez à gauche dans la rue des Sternes. À la sortie du virage, reprenez le sentier qui part en face. Vous passez à proximité de la fontaine de Cariel et rejoignez la cale de Badel. Vous longez des établissements ostréicoles et atteignez la zone de mouillage de Langle. Vous apercevez l'île de Boëdic, une île privée.

2 Quittez le sentier à l'entrée du chenal, montez une rue et tournez à gauche vers une petite place. Descendez le sentier en face pour rejoindre la rue qui amène à gauche vers Port-Anna. Longez les quais et reprenez le sentier qui conduit jusqu'à la cale de Barrarac'h.

3 Remontez la rue Éric-Tabarly et empruntez le sentier qui part à gauche, 50 m après

© OT Vannes

Le port de Vannes.

le parking. À 100 m, bifurquez à gauche et poursuivez sur ce chemin tout droit. Au bout, prenez un bout de rue à droite sur 50 m et reprenez le chemin à gauche. Vous traversez un petit village, continuez tout droit sur ce chemin principal qui longe ensuite une route.

4 Vous traversez la route, poursuivez en face. À l'intersection, prenez à gauche. Vous rejoignez une route que vous descendez à gauche. Au rond-point, continuez par le sentier en face. Vous passez une digue et continuez le sentier jusqu'à retrouver le bitume au village de Cantizac. À la route, empruntez la piste qui la longe à gauche.

5 Empruntez le sentier qui part à gauche, juste après le panneau de sortie de Séné. Aux intersections suivantes, continuez à gauche. Suivez le sentier qui fait le tour de la pointe. Continuez au plus près du rivage jusqu'à rejoindre l'aire de jeux de Larmor-Gwened, puis un parking à l'entrée du port de Vannes.

6 Traversez la départementale, puis le jardin de la butte de Kérino. Vous rejoignez ensuite les quais que vous longez jusqu'au bout du port.

INFORMATIONS PRATIQUES

Point de départ de l'étape : centre de séjour « Les Astérides » à Séné.
Les hébergements : À Séné : Golfe du Morbihan Vannes Tourisme, tél. : 02 97 47 24 34.
À Vannes : contacter l'office de tourisme.
Restauration : plusieurs restaurants à Séné.
Informations touristiques : Golfe du Morbihan Vannes Tourisme, tél. : 02 97 47 24 34.

VANNES - ARRADON

19,5 KM

RANDONNÉE - ÉTAPE 4

ASSEZ FACILE

5 H 30

ROUGE ET BLANC

Au départ, vous découvrirez l'agréable petite presqu'île de Conleau avant de longer les rives protégées du Vincin. De petites routes vous ramèneront ensuite vers le sentier côtier que vous emprunterez jusqu'au bourg d'Arradon, niché au fond du golfe.

Vue sur Conleau.

© OT Vannes

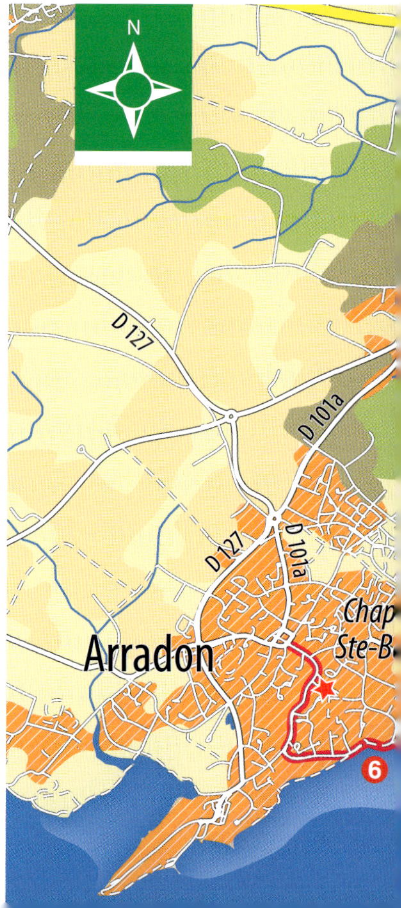

De la place Gambetta, longez le port jusqu'au pont tournant de Kérino. Poursuivez en longeant l'allée Loic-Caradec. Après le chantier naval, continuez par le sentier aménagé. Vous passez la pointe des Émigrés et rejoignez l'entrée de la presqu'île de Conleau.

1 Prenez le temps de faire le tour de la presqu'île (1,5 km), un lieu de villégiature depuis la fin du XIXe siècle (voir page 60). Reprenez ensuite le sentier qui longe la rive du Vincin. Vous remontez ensuite vers la rue de l'île d'Arz.

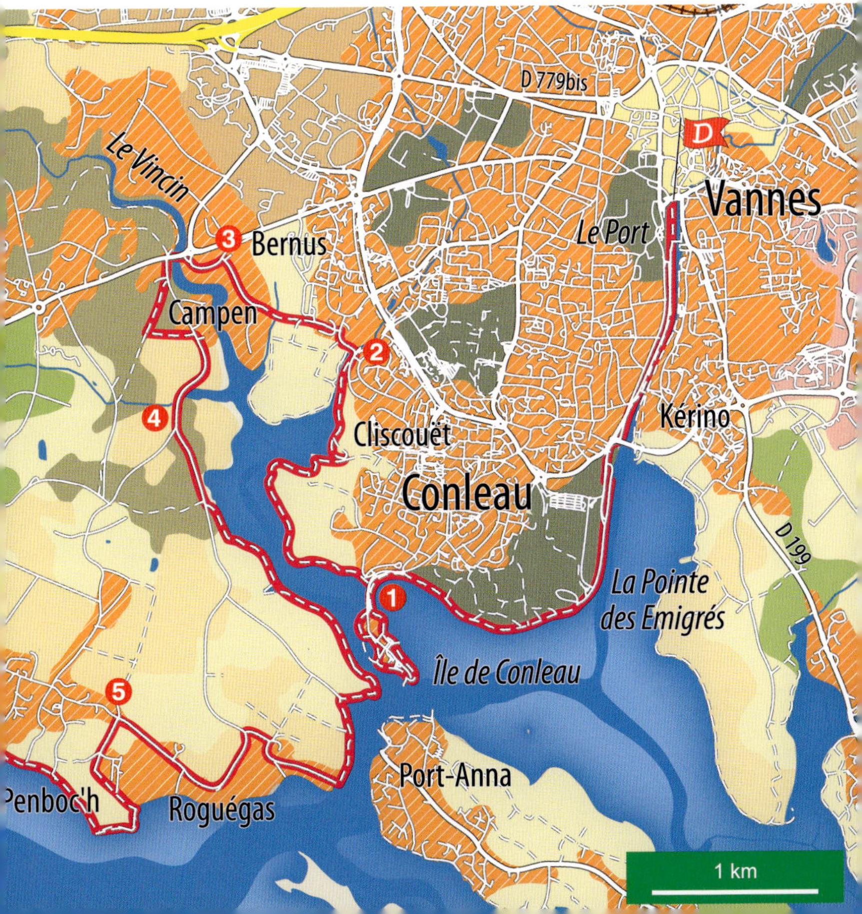

2 Continuez jusqu'au rond-point et empruntez le pont à gauche. Montez la rue d'Alsace et bifurquez à gauche dans la rue de Vendée. Poursuivez tout droit et empruntez le chemin dans le prolongement. Vous rejoignez une rue (le chemin du Moulin-de-Campen), continuez toujours tout droit.

3 À l'intersection, prenez la rue à gauche. Avant le giratoire, bifurquez à gauche, passez devant un bar et suivez le sentier protégé qui longe la route. Après le pont, tournez à gauche. Dans la côte, empruntez le sentier qui monte à droite en sous-bois. À l'intersection, poursuivez à gauche en bordure de champ, pour revenir vers la route que vous longez à droite.

4 À 700 m à la fourche, prenez à gauche vers Roguedas et, à 400 m, empruntez le sentier à gauche qui redescend vers la rivière. Longez la rive, face à la presqu'île de Conleau. Passez le mouillage du port de Moréac. Vous apercevez Port-Anna (à Séné) sur l'autre rive. Quittez la côte, vous retrouvez le bitume à Kerguen. Poursuivez la ruelle qui monte plus loin sur la droite. Au niveau d'un vieux puits, descendez à gauche. Vous longez ensuite le long mur d'une propriété. Continuez jusqu'à rejoindre la route de Penboc'h.

Vers Kerguen.

Vue d'Arradon.

5 Descendez à gauche. À l'entrée du camping, continuez tout droit. Poursuivez le chemin le long du camping pour retrouver le sentier côtier que vous reprenez à droite. Vous faites le tour de la pointe et rejoignez le fond de l'anse. Après la plage de Kerbilouet, adossée au mur d'une propriété, vous rejoignez une cale.

6 Continuez le long de la digue jusqu'à la curieuse maison dotée d'une tour blanche, « La tour Vincent ». Montez la rue dans le prolongement, empruntez ensuite l'allée qui la longe. En haut, continuez à droite par la rue Saint-Vincent-Ferrier jusqu'à l'église d'Arradon.

INFORMATIONS PRATIQUES

Point de départ de l'étape :
le port de Vannes.
Les hébergements :
À Arradon : hôtel *Beau Rivage*,
tél. : 02 97 44 01 42.
Autres hébergements : contacter l'office de tourisme.
Restauration : restaurant à Conleau, il est cependant prudent de prévoir un panier-repas.
Informations touristiques : Golfe du Morbihan Vannes Tourisme,
tél. : 02 97 47 24 34.

ARRADON – LARMOR-BADEN

20 KM

ASSEZ FACILE

5 H 30

ROUGE ET BLANC

En partant tôt d'Arradon, il est possible d'embarquer à Port-Blanc pour une petite balade, et pourquoi pas, déjeuner sur l'île aux Moines (voir page 44). Si vous ne faites pas le « détour » par l'île aux Moines, en arrivant à Larmor-Baden, ne manquez pas de faire le tour de l'île Berder (voir la page du circuit « Le circuit du marais »).

Le Moustoir.

De l'église, prenez la rue Saint-Vincent-Ferrier, vous découvrez à gauche la chapelle Sainte-Barbe. Continuez jusqu'au rond-point. Poursuivez tout droit et à 50 m, empruntez le sentier qui part à gauche à travers l'espace naturel. Au bout, vous rejoignez un parking à bateaux, traversez-le à gauche. Longez la côte par la digue. Vous passez derrière un restaurant et continuez tout droit jusqu'à la pointe. Vous découvrez la cale courbe, autrefois point de départ du passeur de l'île aux Moines.

Le moulin de Pomper.

1 Remontez ensuite l'allée de la Pointe, reprenez le sentier à travers l'espace naturel. Au carrefour, traversez et empruntez le chemin de Pen-Meil. À l'anse de Pen Meil, suivez le sentier à droite. À la route, empruntez la digue jusqu'au moulin à marée. Poursuivez ensuite jusqu'à l'exploitation ostréicole. Continuez jusqu'à la cale de Gravellic.

2 Poursuivez par le sentier qui remonte à travers bois jusqu'à une route. Prenez-la à gauche et descendez le chemin dans le prolongement jusqu'au rivage. Faites le tour de la petite pointe. Vous retrouvez le bitume, continuez tout droit et reprenez le sentier. Vous longez l'anse dans laquelle se jette le ruisseau du Pont de Lohéac. Passez la pointe et poursuivez en sous-bois.

3 Tournez à gauche et passez sur la digue du moulin de Pomper (antiquités). Après la digue, prenez à gauche vers la route que vous longez à gauche. Vous descendez jusqu'à une autre digue et remontez vers la chapelle de Pen Mern (voir la page du circuit « La pointe de Port-Blanc »). Continuez jusqu'au village de Pen Mern. Avant la sortie du village, prenez à gauche la ruelle An-Davarn. Prenez ensuite à droite puis à gauche pour rejoindre le sentier qui mène à l'embarcadère de Port-Blanc.

4 Remontez vers le rond-point, empruntez l'allée Er-Lannic à gauche. Au fond du parking, poursuivez par le sentier à droite.

Vue sur l'île Berder.

Continuez jusqu'à la plage. Vous rejoignez une route au niveau d'une ferme ostréicole. À l'intersection, continuez à gauche et à 100 m, poursuivez la route à gauche.

5 Vous rejoignez une route, empruntez-la à gauche sur 800 m. Après une entreprise ostréicole, descendez à gauche. Traversez la plage et au bout remontez à droite. À la départementale, traversez et suivez la petite route en face légèrement sur la droite. À la route, continuez à gauche et à l'entrée de Bocoan, tournez encore à gauche. Continuez le chemin d'exploitation jusqu'à un hameau. Bifurquez à droite pour rejoindre le marais de Pen en Toul (voir la page du circuit « Le circuit des marais »).

6 Longez-le à gauche. Au bout, passez la digue et empruntez le chemin à gauche. Poursuivez la rue dans le prolongement. Ne ratez pas le chemin du Moulin à gauche, qui vous ramène sur le sentier. Vous rejoignez une rue, continuez à gauche et encore à gauche jusqu'au passage vers l'île Berder. Remontez la rue de Berder jusqu'à l'hôtel.

INFORMATIONS PRATIQUES

Point de départ de l'étape :
place de l'Église à Arradon.
Les hébergements :
À Arradon : hôtel *Beau Rivage*, tél. : 02 97 44 01 42.
À Larmor-Baden : hôtel Rando Accueil *Le Parc Fétan*, tél. : 02 97 57 04 38.
Restauration : restaurants à Port-Blanc.
Traversée pour l'île aux Moines : liaisons régulières au départ de Port-Blanc (durée de la traversée : 5 min). Renseignements : Izenah Croisières, tél. : 02 97 26 31 45, ou 02 97 57 23 24 (d'avril à septembre).
Informations touristiques : Golfe du Morbihan Vannes Tourisme, tél. : 02 97 47 24 34.

LARMOR-BADEN – LE BONO

16,5 KM

ASSEZ FACILE

4 H 15

ROUGE ET BLANC

Avant de partir en direction du Bono, vous pourrez, au départ de Larmor-Baden, embarquer pour rejoindre l'île de Gavrinis et visitez le cairn. L'étape vous mènera ensuite de l'anse de Locmiquel à l'anse de Baden, en passant par l'agréable petite île de « Sept Îles », jusqu'aux rives boisées de la rivière d'Auray.

De l'hôtel, descendez la rue de Berder et prenez à droite la rue Pen-Lannic. Avant l'embarcadère, prenez le sentier à droite. Contournez Port-Lagaden et rejoignez la pointe du Berchis. À marée basse, traversez par la plage, sinon, remontez la rue sur quelques mètres et prenez la première rue à gauche pour rejoindre le sentier. Contournez ensuite l'anse de Locmiquel. Après la pointe de Locmiquel,

L'île de Gavrinis.

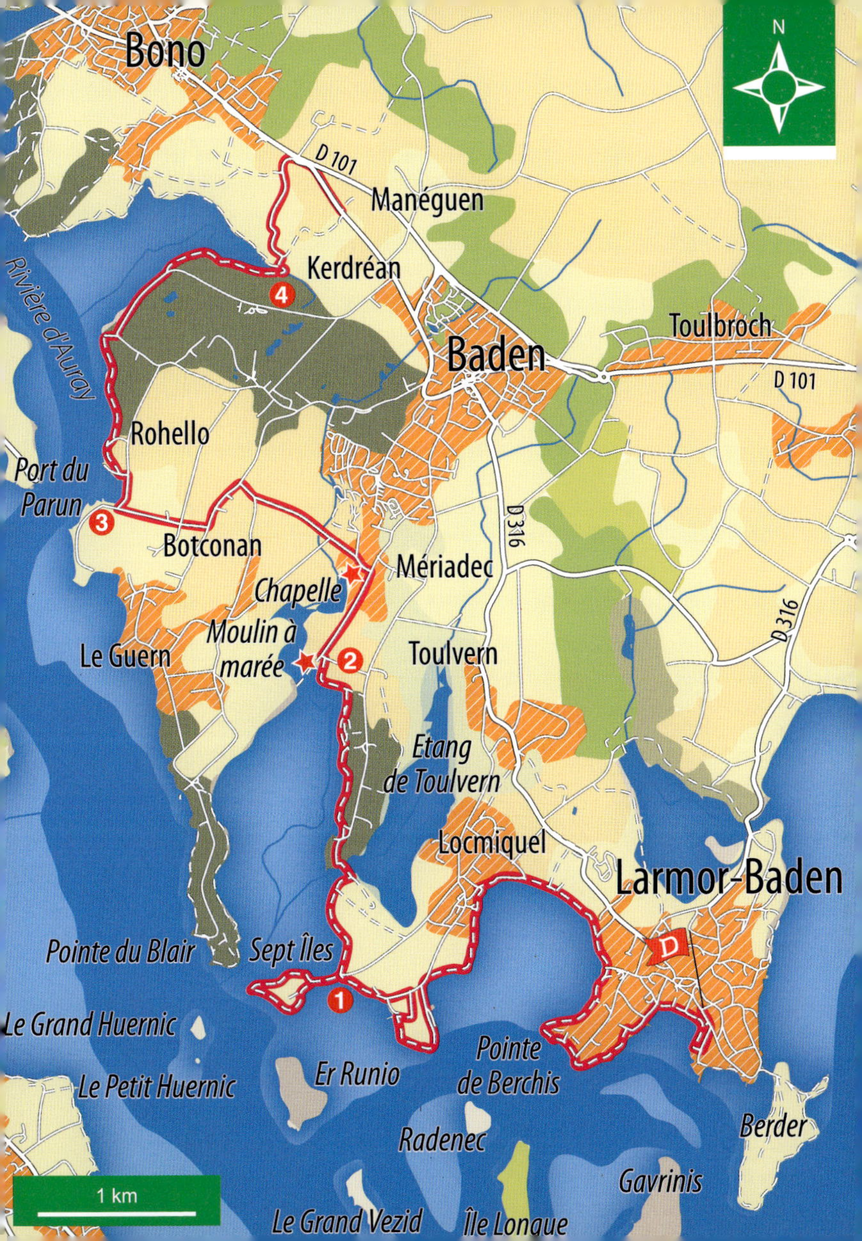
N
Bono
D 101
Manéguen
Kerdréan
Rivière d'Auray
4
Toulbroch
Baden
D 101
Rohello
Port du Parun
3
Botconan
D 316
Mériadec
Chapelle
D 316
Moulin à marée
Le Guern
2
Toulvern
Etang de Toulvern
Locmiquel
Larmor-Baden
D
Pointe du Blair
Sept Îles
1
Le Grand Huernic
Pointe de Berchis
Er Runio
Le Petit Huernic
Berder
Radenec
Gavrinis
1 km
Le Grand Vezid
Île Longue

vous contournez une ferme ostréicole et rejoignez le sentier.

1 Vous atteignez le tombolo de sable qui permet de rejoindre l'île appelée « Sept-Îles ». À marée basse, vous pouvez traverser et faire le tour de l'île. Restez sur le sentier, l'île est une propriété privée. Reprenez le sentier le long de la grève puis en sous-bois. Vous atteignez le barrage de Toulvern (voir la page du circuit « De l'anse de Baden à l'anse de Locmiquel »). Continuez par la route et après le virage reprenez le sentier. Vous passez près d'un chantier ostréicole, plus loin vous apercevez le moulin à marée de Baden.

2 À la route, prenez à gauche et continuez à droite jusqu'à Mériadec. Dans le village, tournez dans la première route à gauche. Vous passez à proximité de la chapelle Saint-Mériadec qui mérite la visite. Continuez ensuite tout droit sur 1 km jusqu'à l'entrée du village de Bot Conan. Suivez la route à gauche et à la sortie du village, bifurquez à droite. Continuez tout droit jusqu'à un chantier naval.

3 Poursuivez à droite le long de l'entreprise ostréicole. Bifurquez ensuite à gauche pour reprendre le sentier tout de suite à droite. Vous passez derrière un hangar et entrez en sous-bois. Le sentier domine la rivière d'Auray. Vous retrouvez le bitume à proximité du terrain de golf de Baden. Suivez la route à gauche le long du golf et à 600 m, reprenez le sentier à gauche dans le virage.

Sur le sentier côtier à Baden.

4 Au fond de la baie de Kerdréan, prenez le sentier qui monte vers le château de Kerdréan. Contournez le château par la gauche. Vous rejoignez la route, poursuivez celle-ci jusqu'à Mané Guen.

© Claire Boichard

Le golfe du Morbihan.

INFORMATIONS PRATIQUES

Point de départ de l'étape : embarcadère de Larmor-Baden.
Les hébergements :
À Larmor Baden : hôtel Rando Accueil *Le Parc Fetan*, tél. : 02 97 57 04 38.
Au Bono : chambres d'hôtes *Ar Couette* (10 places), tél. : 06 12 05 80 98.
Restauration : restaurants à Baden (à quelques centaines de mètres de Mériadec), il est cependant prudent de prévoir un panier-repas.
À visiter : le cairn de Gavrinis : probablement destiné au culte des morts, il fut construit vers 3500 avant J.-C. Les dalles sculptées sont remarquables, ainsi que son état de conservation au vu de sa situation sur une île. Un guide vous conduit vers l'entrée du monument pour une visite passionnante sur le néolithique et le mégalithisme.
Traversée pour l'île de Gavrinis : Compagnie des ports de Morbihan, tél. : 02 97 57 19 38, ou 02 97 42 63 44.
Informations touristiques : Golfe du Morbihan Vannes Tourisme, tél. : 02 97 47 24 34.

LE BONO - AURAY
10 KM ou 12 KM

ASSEZ FACILE
2 H 45
3 H 15
ROUGE ET BLANC

Cette étape mène d'abord vers le charmant port du Bono. Deux itinéraires sont ensuite possibles. Vous pouvez rejoindre Saint-Goustan en suivant la rivière (10 km). En passant par les chemins de campagne (12 km), vous pourrez faire halte à la chapelle de Saint-Avoye. À Saint-Goustan, prenez le temps de découvrir la cité d'Auray en suivant le circuit du patrimoine.

De Mané Guen, prenez la route en direction du château de Kerdréan. Redescendez vers le sentier qui longe la rivière d'Auray. Longez le fond de l'anse de Kerdréan. Vous rejoignez le mouillage du Berl. Traversez par la petite digue ou faites le tour du petit réservoir. Passez devant les maisons et montez vers le chemin qui s'enfonce ensuite dans le sous-bois.

Le Bono.

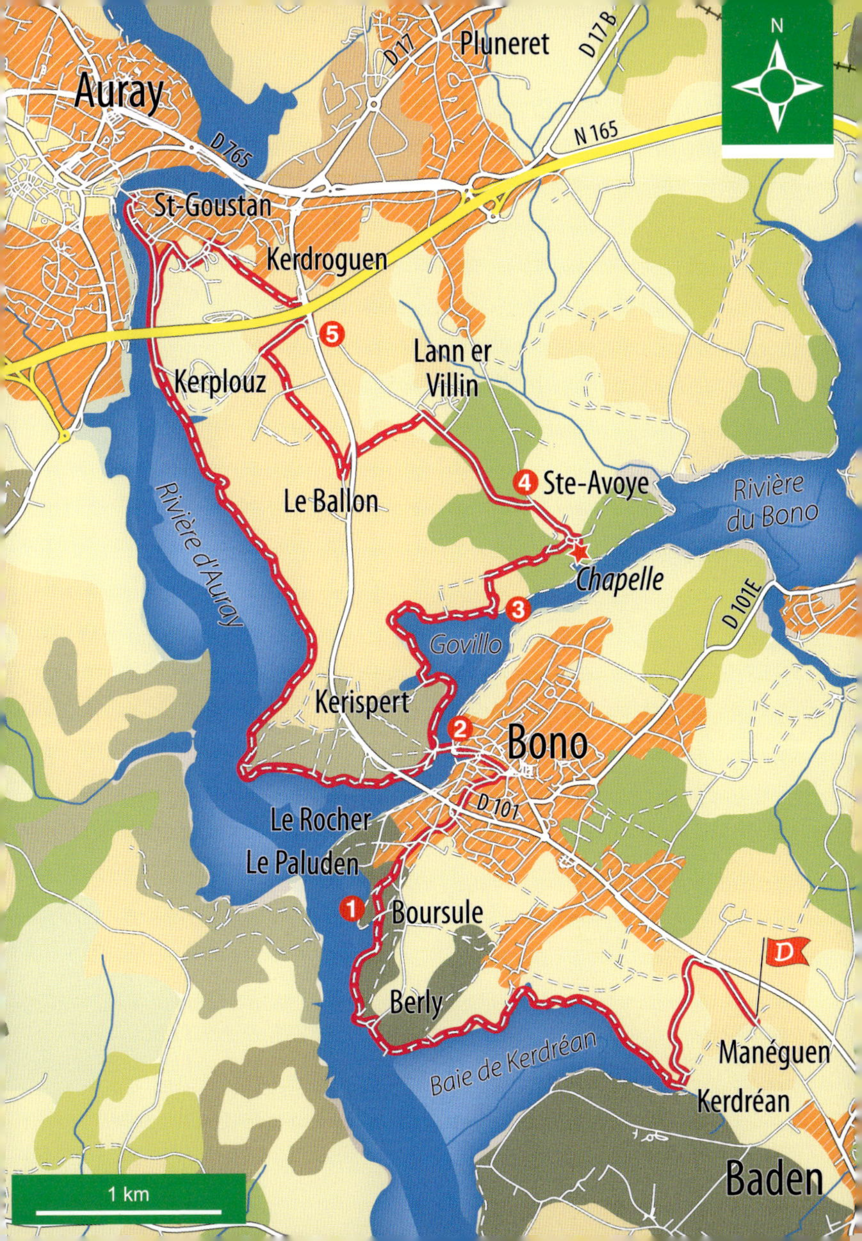
Auray
Pluneret
D17
D17 B
N
D 765
N 165
St-Goustan
Kerdroguen
5
Lann er
Villin
Kerplouz
4
Ste-Avoye
Le Ballon
Rivière
du Bono
Rivière d'Auray
Chapelle
3
Govillo
D 101E
Kerispert
2
Bono
Le Rocher
D 101
Le Paluden
1
Boursule
D
Berly
Manéguen
Baie de Kerdréan
Kerdréan
Baden
1 km

Le Forban.

1 Au bout d'une petite anse, remontez le sentier aménagé à travers bois. Vous rejoignez une route à l'entrée du Bono. Continuez par la rue Jean-Jaurès. Au rond-point, poursuivez tout droit jusqu'au centre-bourg du Bono. De la place, au centre du bourg, redescendez la rue en direction du port. Au port, longez à droite le quai Jean-Bart. Au bout, remontez vers le vieux pont du Bono. Passez le pont.

2 Après le pont, vous avez deux possibilités :

Le circuit le long de la rivière : vous empruntez le premier chemin qui descend à gauche et longez la rivière jusqu'à Saint-Goustan.

Le circuit à travers la campagne : prenez le sentier à droite, le sentier passe près du cimetière de bateaux de l'anse de Govillo.

3 Après avoir contourné l'anse, quand vous rejoignez la rivière, au carrefour matérialisé par des chicanes en bois, empruntez le sentier à flanc de coteau qui monte à gauche, et en haut poursuivez à droite. Vous rejoignez un chemin creux que vous prenez à droite vers le village Sainte-Avoye. De la chapelle, remontez la route jusqu'à la fourche.

4 Prenez la route à gauche vers Lann er Villin. Dans le village, empruntez le chemin à gauche. Au bout, traversez la D101, remontez 20 m à droite et prenez le sentier à gauche. Au hameau du Ballon, tournez à droite dans le sentier. Traversez un chemin d'exploitation, continuez tout droit jusqu'à la route menant au lycée de

Le port de Saint-Goustan.

Kerplouz (sur la gauche). Prenez-la à droite vers la départementale.

5 Au bout de la ligne droite, prenez les escaliers à gauche, passez sous la voie rapide puis reprenez tout de suite à gauche le chemin qui remonte vers le cimetière de Saint-Goustan. Après le cimetière, redescendez l'allée à gauche le long du parking. Prenez ensuite la rue à droite pour rejoindre le port de Saint-Goustan.

INFORMATIONS PRATIQUES

Point de départ de l'étape : le village de Mané Guen.
Les hébergements :
Au Bono : chambres d'hôtes *Ar Couette* (10 places), tél. : 06 12 05 80 98.
À Auray : hôtel *Rando Accueil Le Loch*, tél. : 02 97 56 48 33.
Autres hébergements : office de tourisme du Pays d'Auray.
Restauration : restaurants au Bono et à Saint-Goustan.
À visiter : La chapelle Saint-Avoye : la chapelle du XVIe siècle est classée au titre des monuments historiques. Elle abrite un jubé de style Renaissance en bois de chêne polychrome, entièrement sculpté.
Informations touristiques : Golfe du Morbihan Vannes Tourisme, tél. : 02 97 47 24 34.

INFORMATIONS TOURISTIQUES

MORBIHAN TOURISME

www.morbihan.com
Tél. : 02 97 54 06 56

GOLFE DU MORBIHAN VANNES TOURISME

www.tourisme-vannes.com
Quai Éric-Tabarly
56000 Vannes
Tél. : 02 97 47 24 34

Bureau de Sarzeau
Rue Pierre-Marie-Joseph-Coudrin
56370 Sarzeau
Tél. : 02 97 53 69 69

Bureau de Saint-Gildas-de-Rhuys
Rue Saint-Goustan
56730 Saint-Gildas-de-Rhuys
Tél. : 02 97 53 69 69

Bureau d'Arzon
Rond-point du Crouesty 56640 Arzon
Tél. : 02 97 53 69 69

Retrouvez tous les hébergements spécialisés dans l'accueil de randonneurs sur le site **www.rando-accueil.com.**

OFFICE DE TOURISME DU PAYS D'AURAY

www.auray-tourisme.com
20, rue du Lait 56400 Auray
Tél. : 02 97 24 09 75

OFFICE DE TOURISME DE LOCMARIAQUER – CRAC'H – SAINT-PHILIBERT

morbihan-way.fr
1, rue de la Victoire
56740 Locmariaquer
Tel. : 02 97 57 33 05

PARC NATUREL RÉGIONAL DU GOLFE DU MORBIHAN

www.golfe-morbihan.fr
8, boulevard des Îles
56006 Vannes Cedex
Tél. : 02 97 62 03 03

Vers l'île Sept-Îles.

© Claire Boichard

REMERCIEMENTS

L'auteur remercie le pays touristique de Vannes Lanvaux, le Pays d'Auray Grand Large, Le Parc naturel régional du Golfe du Morbihan, Golfe du Morbihan Vannes Tourisme, l'office de tourisme de la presqu'île de Rhuys et toutes les personnes qui ont contribué à la réalisation de ce guide.

Éditeur Hervé Chirault
Coordination éditoriale Claire Martel
Collaboration éditoriale Claire Collart
Cartographie Alban Le Pape
Conception graphique Laurence Morvan
Mise en page et photogravure graph&Ti, Rennes (35)
Impression SEPEC, Péronnas (01) - 08311221111

Édilarge SA, Rennes
ISBN : 978-2-7373-8069-3
Dépôt légal : avril 2019
N° d'éditeur : 10164.04.01.02.22

Imprimé en France
editions.ouest-france.fr